时间缓冲
与鲁棒项目调度

赵　雁◎著

中国财经出版传媒集团

经济科学出版社
Economic Science Press

·北　京·

图书在版编目（CIP）数据

时间缓冲与鲁棒项目调度/赵雁著. --北京：
经济科学出版社，2024.5
ISBN 978 - 7 - 5218 - 5832 - 7

Ⅰ.①时… Ⅱ.①赵… Ⅲ.①项目管理 - 研究 Ⅳ.
①F27

中国国家版本馆 CIP 数据核字（2024）第 079870 号

责任编辑：纪小小
责任校对：齐　杰
责任印制：范　艳

时间缓冲与鲁棒项目调度

赵　雁　著

经济科学出版社出版、发行　新华书店经销
社址：北京市海淀区阜成路甲 28 号　邮编：100142
总编部电话：010 - 88191217　发行部电话：010 - 88191522
网址：www. esp. com. cn
电子邮箱：esp@ esp. com. cn
天猫网店：经济科学出版社旗舰店
网址：http：// jjkxcbs. tmall. com
北京季蜂印刷有限公司印装
710 × 1000　16 开　12.75 印张　200000 字
2024 年 5 月第 1 版　2024 年 5 月第 1 次印刷
ISBN 978 - 7 - 5218 - 5832 - 7　定价：52.00 元
（图书出现印装问题，本社负责调换。电话：010 - 88191545）
（版权所有　侵权必究　打击盗版　举报热线：010 - 88191661
QQ：2242791300　营销中心电话：010 - 88191537
电子邮箱：dbts@ esp. com. cn）

前 言
PREFACE

由于市场环境的快速变化，项目特别是大型工程项目所涉及的不确定性因素日益增多，使越来越多的项目出现问题，如费用超支、超出工期甚至中途夭折等。与此同时，现代项目管理又要求周期更短、准时完工率更高、成本更低。在这种情况下，为应对复杂环境中出现的各种不确定因素，保证项目按计划按时完工而形成的鲁棒项目调度，成为项目管理领域理论的热点问题。而时间缓冲技术是制订鲁棒项目调度计划的重要方法，主要有关键链集中缓冲方法和分散缓冲方法。对这两种缓冲方法进行研究，制订合理的鲁棒性调度计划，逐渐成为该领域的重要理论和方法。

本书基于对两类时间缓冲的对比研究以及相关文献的梳理，系统地阐述各类时间缓冲技术在各种项目调度中的应用。从单模式项目和多模式项目两类项目维度出发，基于集中缓冲和分散缓冲两类缓冲技术，对两种缓冲的适用环境及其相应的鲁棒项目调度方法进行系统深入的报告，主要内容分为三篇七个章节，具体如下：

第一篇基础概念篇，全面介绍鲁棒项目调度及时间缓冲技术的基础概念和理论，包括第一章鲁棒项目调度概述和第二章时间缓冲相关理论与应用。其中第一章概述项目调度的概念和分类，在此基础上介绍鲁棒项目调度的概念、分类和研究现状，具体涉及单模式项目和多模式项目分类、质量鲁棒性和解鲁棒性分类以及具体的评价指标；第二章重点介绍时间缓冲的理论和应用，包括关键链集中缓冲和分散缓冲的概念、种类和各自在项目调度领域的应用现状，以及两类缓冲特征的对比。

第二篇基于缓冲的单模式项目鲁棒性调度，全面介绍在单模式项目中如何应用时间缓冲构建鲁棒项目调度计划，包括第三章基于关键链集中缓冲的鲁棒项目调度，第四章基于 STC 分散缓冲的鲁棒项目调度，以及第五章考虑项目网络特征的两种缓冲方法比较分析。其中第三章详细介绍了集中缓冲如何制订关键链项目调度计划，在此期间接驳缓冲引起的难点问题以及对应的关键链计划重排解决方法。第四章全面介绍了如何使用分散缓冲方法制订鲁棒项目调度计划，以及多目标项目调度计划和相应的求解方法；第五章分析项目不确定执行环境及多种项目特征，设计计算机仿真模拟实验，比较项目参数变动时两种缓冲鲁棒性优势变化，全面分析总结两种缓冲的适用性条件。

第三篇基于缓冲的多模式项目鲁棒性调度，全面介绍 DTRTP 多模式项目中如何应用时间缓冲构建鲁棒项目调度计划，包括第六章基于 FS 指标和缓冲技术的 DTRTP 鲁棒项目调度，第七章基于 STC 指标和缓冲方法的 DTRTP 鲁棒项目调度。其中第六章全面介绍了鲁棒项目调度中与自由时差相关的鲁棒指标 FS、基于 FS 的 DTRTP 多模式鲁棒项目调度模型以及相应的求解方法，并通过实验对比不同 FS 指标的优劣；第七章重点介绍分散缓冲指标 STC 如何构建多模式项目调度模型，以及相应的求解方法和流程，并将 STC 指标模型与 FS 模型对比，通过实验分析项目实际绩效。

本书的创新之处和主要工作体现在以下几个方面。

（1）针对不确定环境制订项目鲁棒调度计划并进行分析。首先，对集中缓冲与分散缓冲两种鲁棒调度计划进行对比研究，提出了两种缓冲方法的适用性条件。现在鲁棒调度领域研究中关键链集中缓冲主题较多，分散缓冲的提出和研究相对较新。相关研究认为采用集中缓冲管理还是分散缓冲管理，要视项目特点而定，但对于鲁棒项目调度应在什么情况下采用集中缓冲，又在何种情况下采用分散缓冲，目前并未见到更具体深入的研究。考虑到项目种类和执行环境都会对缓冲计划的鲁棒性产生影响，本书从执行环境不确定性和项目特征两个方面对两种缓冲进行比较和选择。针对项目执行的不确定因素，在介绍CC/BM 和 STC 分散缓冲方法的基础上，分别运用这两种缓冲方法制订鲁棒项目调度基准计划，通过对比两种计划仿真模拟的鲁棒性指标，对两种缓冲的适用性进行总结，为缓冲在不同执行环境的选择提出建议。进一步针对项目种类和特征的多样性，生成大量不同网络特征的项目，同样用仿真实验对比两种缓冲方法得到鲁棒项目调度计划的指标数据，并结合时间不确定性的大小分析两种缓冲计划在多变的项目网络中的适用性，最终为不同类型的项目选择缓冲提供依据。

（2）提出了关键链断裂情况下的缓冲设置方法与关键链调度算法，完善了关键链项目管理细节。应用关键链项目管理方法时，由于项目的复杂性，在插入接驳缓冲时，常常会出现资源再次冲突，需要对计划进行重排，重排后又出现关键链断裂、接驳缓冲起不到保护作用等问题。针对这一情形，本书以关键链计划特点为基础，选择并提出重排优先规则，结合启发式算法对出现问题的关键计划直接进行二阶段重排：第一阶段运用动态规划和三种重排优先级规则对计划进行重排；针对重排后仍然存在关键链断裂或非关键链溢出的项目，运用第二阶段提出的启发式算法，进行二次重排，最终得到合理的关键链计划。最后使用大量项目进行实验，验证新计划在完工和计划鲁棒性方面的优势，并证明方法的普适性和有效性。

（3）从工作量不确定的角度研究复杂的多模型项目调度问题，提出了基于 FS 和 STC 的多模式项目鲁棒调度方案。与单模式项目中的活动时间不确定性不同，多模式项目中的主要不确定性来自工作量，且不同模式的组合使此类项目调度更加复杂。目前，关于多模式项目调度，尤其是 DTRTP 问题的文献大多是在确定环境下分析活动模式特征，或者是以最短工期为目标优化调度计划。不确定环境下 DTRTP 问题的研究较少且尚未有文献明确以鲁棒性为指标解决不确定环境下的 DTRTP 问题。本书基于鲁棒性视角对 DTRTP 问题进行研究，采用各类 FS 指标和 STC 分散缓冲指标来构建项目调度模型。在求解时，根据问题特征设计了多阶段组合优化算法：FS – DTRTP 模型的求解算法分为两个阶段，首先使用差分进化调整活动模式、位置序列、缓冲大小，再利用改进的串行调度生成鲁棒调度计划；STC – DTRTP 模型的求解算法首先使用差分进化调整活动模式和位置序列，再使用串行调度和 STC 缓冲技术确定缓冲的位置及大小，生成鲁棒调度计划。最终通过实验分析，对比各类不同的指标模型的实际项目绩效。

本书撰写过程中，华中科技大学管理学院崔南方教授与武汉纺织大学管理学院田文迪教授给予了大力支持，在此表示真诚的感谢！

由于作者水平有限，书中难免有不足之处，欢迎各位专家和读者批评指正。

CONTENTS ▷
目　　录

第一篇　基础概念篇

第二篇　基于缓冲的单模式项目鲁棒性调度

第三篇　基于缓冲的多模式项目鲁棒性调度

第一篇　基础概念篇

第一章

鲁棒项目调度概述

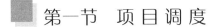

第一节　项目调度

一、项目调度的概念

在项目管理中，为保证项目完成的效率，往往会根据项目目标对各项活动的执行顺序进行排程，并给出各个活动的开始执行时间，以制订合理的项目计划，这个过程也称为项目调度（Brucker and Peter，1999）。由于项目网络的多样性和资源的有限性，项目调度往往具有一定复杂性，该问题的研究在项目管理的理论界和实际应用中都具有重要的意义。

二、项目调度的分类

在项目管理领域中，资源受限项目调度问题（Resource-constrained Project Schedule Problem，RCPSP）是理论界多年来的研究热点，该研究旨在在有限的资源条件下，为项目建立调度计划。但 RCPSP 所研究的对象大多数是单模式项目,即项目中每个活动有固定的时间和资源需求量。

而实际项目中,每个活动往往有多种执行模式,每种模式对应不同的活动工期和资源配置。例如,完成某一活动可以安排 3 人 5 天的模式来执行,也可以安排 5 人 3 天的模式执行。多模式问题在实践中广泛存在,特别是建筑工程和软件开发项目,约有 84% 属于多模式项目调度(Liberatore et al.,2001;Maroto and Tormos,2000)。由于项目中每个活动都有多种执行模式,那整个项目尤其是大规模项目就面临成千上万种模式组合,因此此类项目的计划工作尤为复杂,由此引出的资源受限的多模式项目调度问题(Multi-mode Resource-constrained Project Schedule Problem,MRCP-SP),已被证明是强 NP – hard(non-deterministic polynomial hard)问题,是继 RCPSP 的又一研究热点。现有研究主要以项目工期为目标,提出各种精确和启发式算法来配置各种模式组合,建立项目工期最短的调度计划。

离散时间/资源权衡问题(Discrete Time/Resource Trade-off Problem,DTRTP)由瑞克等(De Reyck et al.,1998)提出,是多模式项目调度问题(MRCPSP)的一个子问题,它只考虑一种"瓶颈"资源类型。由于专业技术人员这类"瓶颈"资源短缺,在项目计划阶段往往先为每个活动估算工作量,再依据工作量生成资源/时间各活动的多种执行模式(人,日),最后选择模式组合制定计划。DTRTP 问题是指在满足时序和资源约束的条件下,对于给定的特定工作量和一种可再生资源,为每个活动选择有效执行模式以实现项目工期最小化目标。其在实践中广泛存在,如开发项目、新建工程等(De Reyck et al.,1998)。

另外,RCPSP 计划只给出了理想中的项目活动执行顺序和最短工期,由于其并未考虑到项目执行过程中各种不确定性因素,导致该计划的实用性较差,这些不确定性包括活动时间的不确定性、可用资源的不确定性、设备维护、气候等自然因素的变化及重大施工事故等(Zhu et al.,2005;Wang,2005)。不确定性的存在一方面导致项目的实际执行经常与计划偏离,项目活动执行时间和顺序混乱,大大降低基准计划的价值;另一方面，混乱的活动执行顺序还会导致资源分配变动，不仅增加了资源变动成本并且很难使项目按计划期限完工。在这种情况下，项目经理为了确保项目按计划工期完工，就会以成本和质量为代价盲目地赶工（Herroelen and Leus，2005），就造成了项目执行与计划的进一步偏离，这种计划与实际偏离的恶性循环最终导致项目的恶性延迟，或以极高的成本和低质量为代价来完工。因此，在复杂项目不确定执行环境下，一个具有稳定执行能力的项目计划，是防止项目执行混乱、节约成本和按期完工的重要保证。为保证项目按计划按期完工，鲁棒项目调度（Robust Project Scheduling）成为国内外项目管理领域关注的热点。

三、项目调度研究现状

过去几十年中，项目调度问题的研究主要集中在确定的时间和资源条件下，建立精确的项目调度基准计划（baseline scheduling），其核心在于用各种优化算法使项目基准计划所得的工期最短（duration minimization）。其中资源受限项目调度问题（RCPSP）已有突破性的研究成果（Brucker et al.，1999；Demeulemeester and Herroelen，2002）。

范霍克等（Vanhoucke et al.，2021）研究了 RCPSP 问题的求解难度，提出了四个资源指标预测 RCPSP 实例求解的复杂性，实验结果表明，新构建的资源指标值往往能够更好地评估项目实例。杜米奇等（Đumić et al.，2021）研究了 RCPSP 中优先规则的集成使用，并提出了四种集成方式，研究结果表明集成方法显著优于单一规则的使用。塞尔兰克斯等（Servranckx et al.，2020）通过在项目网络中引入替代方案来扩展 RCPSP，从而产生具有替代子图的 RCPSP。佩勒林等（Pellerin et al.，2020）综述了资源受限项目调度问题（RCPSP）在制造业中的多种应用，调查了过去的二十年中元启发式算法以及混合求解算法在 RCPSP 问题中的应用，采用 PSPLIB 数据实例对算法进行对比分析。哈特曼等（Hartmann et al.，2022）认为 RCPSP 模型假设的过于理想化，概括了过去十年中以 RCPSP

和实际需求为基础的各种扩展模型，总结了相关概念、关系、约束以及各种目标方法。丁等（Ding et al.，2023）总结了过去十年RCPSP相关研究的扩展问题和相应的算法，描述了模型的目标、约束和算法研究，讨论了未来的研究方向。

部分学者研究面向RCPSP的应用，朱等（Zhu et al.，2021）引入基于检测和返工的资源受限多项目调度问题，为装配过程建立有效的调度计划。格林等（Gehring et al.，2022）研究了材料加工和存储对项目进度的影响。埃夫勒等（Evler et al.，2022）将飞机周转整合到资源受限的项目调度问题中，减轻航空公司网络中的传播延误。希尔等（Hill et al.，2022）为地下作业构建活动可选的RCPSP模型，目标是使净现值最大化，引入聚合线性程序指导算法列表进行求解。侯赛尼安等（Hosseinian et al.，2021）研究了建筑行业的多技能资源受限多项目调度问题（Multi-skill Resource-constrained Project Schedule Problem，MS－RCPSP），考虑了工人熟练度、工资、项目截止日期和预算的影响。梅什科夫斯基等（Myszkowski et al.，2022）研究了多目标的多技能资源受限项目调度问题，定义了五个目标：成本、工期、平均现金流、资源使用和技能过度使用，并分析了五种经典多目标算法在问题中的求解性能。

MRCPSP问题已被证明是强NP－hard问题，启发式算法已成为解决该问题的首要途径。博埃托（Boetor，1996）基于关键路径提出一种启发式算法。洛瓦等（Lova et al.，2006）设计了基于不同优先规则的多路径启发式算法。此外，还有大量的元启发式算法用于解决多模式资源约束问题。例如，布莱门和利奥克（Bouleimen and Leeoeq，2003）采用模拟退火算法。雅布伊等（Jarboui et al.，2005）采用混合粒子群优化算法解决该问题，并将此方法与模拟退火算法和粒子群算法进行比较。王和方（Wang and Fang，2011，2012）设计了蛙跳算法和分布估计算法来求解该问题。阿提亚和卡赫拉曼（Atlia and Kahramanb，2014）先采用优先规则进行排程，在此基础上用禁忌搜索进一步优化。佩特格姆和范霍克（Peteghem and Vanhoucke，2010）考虑了活动的先占性和非先占性，采用遗传算法进行求解。洛瓦等（2009）利用强大的局部探索方法对原有的遗传算法加以改进，提出混合遗传算法。瓦尔图尼和坎利（Vartouni and Khanli，2014）提出混合遗传和模糊集算法。程等（Cheng et al.，2015）考虑采用分支定界法，求解允许活动断裂的抢占式多模式项目调度。

此外，还有学者从其他角度对 MRCPSP 进行了研究。戈迪尼奥和布兰科（Godinho and Branco，2012）以成本最小化为目标，采用适应性策略通过比较活动开始时间与阈值，来选择多模式项目中各活动的执行模式。贝西克奇等（Besikci et al.，2015）通过资源量的组合分配将具有多种模式活动的多项目调度问题，集中为多模式项目调度问题，并采用两阶段遗传算法求解。塔瓦纳等（Tavana et al.，2014）研究了具有先占式的多模式项目时间/成本/质量三目标权衡的调度问题，采用多目标进化式算法同时对三个目标进行优化。田和德穆勒梅斯特（Tian and Demeulemeester，2014）在基础计划排程的基础上，采用了关键链法，针对多模式的鲁棒项目调度计划的两种执行模式"接力赛"和"时刻表"进行了对比和选择研究。

已有文献对 MRCPSP 的研究多集中于离散时间/资源权衡问题（DTRTP），即在给定工作量 W_i 和有限的资源的情况下，合理选择各活动的有效执行模式，并在此模式组合下对项目进行排程，目标是使项目工期最短。目前大多数关于 DTRTP 的研究都致力于开发寻找最优基准调度计划的算法，如分支和定界法（Demeulemeester et al.，2000）、禁忌搜索和局部搜索算法（De Reyck et al.，1998）、遗传算法（Ranjbar and Kianfar，2007）以及分散搜索和路径重连算法（Ranjbar et al.，2009）。这些研究很少考虑到不确定性。然而，不确定性是所有项目的固有特征（Hurley，1996），往往导致了"任务"的中断（Ward and Chapman，2003）。这种中断有许多不同的内部和外部原因，如对任务持续时间的错误估计、资源不足、物资供应延迟到达、可能需要修改的项目完工期限等（Zhu et al.，2005；Herroelen and Leus，2004），这些状况都可能会使项目无法按照基准调度计划执行，并可能导致不良的结果，如项目延迟、成本增加、资源闲置等（Herroelen and Leus，2004）。DTRTP 问题的主要不确定性来自工作量，研究工作量不确定性下的 DTRTP 问题是有价值的。现有研究针对工作量不确定下的 DTRTP 问题（Tian and Demeulemeester，2013，2014；Tian et al.，2017），试图在执行阶段找到更好的调度策略和更好的模式组合。有学者（Tian and Demeulemeester，2013；2014）指出，就执行阶段的平均项目工期和稳定性成本而言，引入资源流网络的调度策略据统计性能表现最佳。田等（Tian et al.，2017）研究表明，在随机环境下，在执行阶段优先选择计划项目长度较短、平均并行活动数量较大的基准调度计划性能更好。所有这些研究都没有产生一个鲁棒基准调度计划来应对工作量在计划阶段的不确定性。然而，鲁棒基准调度计划具有非常重要的功能（Mehta and Uzsoy，1998）。

第二节　鲁棒项目调度

一、鲁棒项目调度的概念

鲁棒性（robustness）是指当系统存在不确定性因素时，系统仍然能够保持正常工作的特性，是指一种抗压性和抗干扰能力。鲁棒性在各个领域均有着广泛的应用，如学术上的鲁棒车间调度、并机鲁棒调度、机器人智能等。鲁棒性调度也常被应用于许多工程领域，如收割调度、飞行鲁棒调度、水资源应用、化学工程等（王勇胜和梁昌勇，2009）。

然而，鲁棒项目调度却是最近几年才兴起的一个热点和难点问题。阿尔－法赞和瓦哈里（Al－Fawzan and Haourai，2005）将鲁棒性引入资源约束项目调度领域，认为鲁棒项目调度是指在考虑不确定性因素的基础上，制订抗干扰能力强的项目调度计划。调度的鲁棒性计划能抵抗由不可控因素导致的活动时间的延迟，并使项目的完成时间具有较好的稳定性

（见图 1 - 1）。

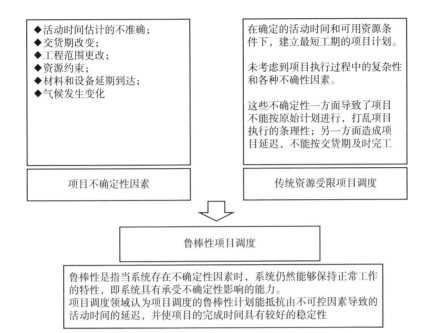

◆活动时间估计的不准确；
◆交货期改变；
◆工程范围更改；
◆资源约束；
◆材料和设备延期到达；
◆气候发生变化

在确定的活动时间和可用资源条件下，建立最短工期的项目计划。

未考虑到项目执行过程中的复杂性和各种不确定性因素。

这些不确定性一方面导致了项目不能按原始计划进行，打乱项目执行的条理性；另一方面造成项目延迟，不能按交货期及时完工

项目不确定性因素 | 传统资源受限项目调度

鲁棒性项目调度

鲁棒性是指当系统存在不确定性因素时，系统仍然能够保持正常工作的特性，即系统具有承受不确定性影响的能力。
项目调度领域认为项目调度的鲁棒性计划能抵抗由不可控因素导致的活动时间的延迟，并使项目的完成时间具有较好的稳定性

图 1 - 1　鲁棒项目调度提出背景

二、鲁棒项目调度的分类

项目的鲁棒性度量可分为两个方面，一方面是保证项目按预定工期完工，称为质量鲁棒性（quality robustness），又称完工鲁棒性。时间管理是项目管理的主要内容之一，项目工期是决定项目能否成功并获得预期收益的至关重要的因素。如果项目进度失控，将造成工期延误；拖延工期后得赶进度，又会导致人力、物力的浪费，使得项目的建设费用增加，甚至可能会影响整个项目的质量和安全（邓亚平，2007）。众多研究表明，工期拖延是工程造价超支、资金回收困难和其他利益受损的主要原因之一（Odeh and Battaineh，2002），按时交付项目已成为管理者的最大挑战之一（邱菀华，2003）。因此，项目完工方面的鲁棒性便成为鲁棒性调度的一个

重要内容，被称为"质量鲁棒性"。

另一方面是使项目按计划进行，即解鲁棒性（solution robustness），又称计划鲁棒性。项目基准计划建立后用于指导执行阶段中资源分配、与客户协调等，如果执行进度与计划偏离，会增加财务成本、库存成本、组织协调成本等。而且在项目实施过程中，为保证项目按期完工而不停地变更调度，会大大降低基准计划的价值，造成执行混乱。因此，相对于项目实施过程不停地再调度，项目执行者更偏向于按项目基准计划执行。项目计划作为项目执行的条款，规定了项目中各活动的执行顺序、开始时间及资源分配，制订后用于指导执行阶段中活动进度、资源分配、与客户协调等。项目计划的稳定性就成为项目鲁棒性调度的另一个重要要素，称为"解鲁棒性"。

项目的鲁棒性调度，从计划和实施两个阶段，又可划分为预应式调度（proactive schedule）和反应式调度（reactive schedule），来应对项目调度中所遇到的不确定性（Davenport and Beck，2002；Herroelen and Leus，2005）。计划阶段的调度计划称为预应式调度，评估项目实施时的风险和不确定因素，在此基础上建立抗干扰性较强的鲁棒性调度计划；反应式调度是在计划实施阶段所建立的计划，对计划实施进行监控，及时根据不确定因素的变化对预应式计划进行修补或重新制订计划（田文迪，2011）。

三、鲁棒项目调度研究现状

鲁棒项目调度已证实是应对不确定环境的有效方法（Herroelen and Leus，2004；Demeulemeester and Herroelen，2009），该方法以质量鲁棒性度量项目按时完工的稳定性（Van de Vonder et al.，2005），以解鲁棒性度量计划的稳定性（Herroelen and Leus，2004），并利用时间缓冲区技术——关键链集中缓冲法和各种分散缓冲法，在计划阶段制订预应式调度计划，以应对项目执行过程中的不确定性，在执行阶段进行反应式调度来修改计划，以防止不确定性造成严重后果。鲁棒性调度思想和缓冲技术被引入项目调度领域后迅速成为研究热点，目前已有大量的研究成果（Demeule-meester and Herroelen，2011；李洪波和徐哲，2014）。

质量鲁棒性通常用项目工期，项目成本等目标函数表示。赫罗埃伦和列乌斯（Herroelen and Leus，2001）采用项目工期与计划工期偏离百分比来度量质量的鲁棒性。范德冯德等（Van de Vonder et al.，2005）采用项目即时完工率（Timely Project Completion Probability，TPCP）作为质量鲁棒性的衡量指标。阿尔-法赞和瓦哈里（2005）用自由时差总和来度量质量鲁棒性，认为如果自由时差（free slacks）之和越大，那么调度计划的质量鲁棒性越好。

解鲁棒性由实际调度时间与基准调度计划的偏离程度体现，偏离程度有多种度量方式，如时差、各活动节点实际开始时刻偏离计划开始时刻的程度等。桑拉维尔（Sanlaville，2004）采用项目基准调度计划 SB 和实际调度 SR 之间最大的差异 maxΔ（SB，SR）作为衡量指标，其目标是最小化两者之间的差异。赫罗埃伦和路易斯（2004）提出采用各活动实际开始时间偏离计划开始时间的权重和作为惩罚成本来度量调度计划鲁棒性，其函数为：Δ（SB，SR）$= \sum w_i | S_i - s_i |$。这些鲁棒性度量指标大多需要通过模拟仿真估计获得，通过模拟实际调度，从而求得鲁棒性衡量指标值（Ludwig et al.，2001；Dodin，2006）。

鲁棒项目调度研究初期，部分文献对预应式调度和反应式调度进行了综述。赫罗埃伦（2007）将预应式计划如何生成进行了全面的总结分析；赫罗埃伦和路易斯（2004）总结了已有研究中所提的鲁棒性调度方法，认为以往文献中预应式调度方法和反应式调度方法都可分为三种。范德冯德等（2007）也对鲁棒项目调度的相关文献进行了综述，并依据多种鲁棒性指标，设计实验对已有的预应—反应式计划进行评价。范德冯德等（2007）对项目调度机制进行研究时，考虑了项目计划在执行过程中受到多方面的干扰，提出两种反应式调度机制：鲁棒性并行调度机制（Robust parallel SGS）和鲁棒性串行调度机制（Robust serial SGS）。王勇胜和梁昌勇（2009）则从项目调度的鲁棒性指标的角度，对出现的相关文献等进行了研究综述。

针对计划阶段的预应式调度，什图鲁和瓦哈里（Chtourou and Haouari，2008）用启发式算法生成多个工期最短基准计划，再以多种鲁棒性预测指标为评判标准，选出鲁棒性最大的排程计划作为预应式调度计划，最后利用仿真验证该方法所得项目计划的合理性。张静文等（2018）考虑项目总工期和自由时差效用函数两个鲁棒性指标，建立双目标资源约束型鲁棒项目调度优化模型。梁洋洋和崔南方（2020）考虑活动拖期风险的影响，参考STC（Starting Time Criticality）指标提出了拖期惩罚成本指标来衡量调度计划的鲁棒性，并构建了资源流网络优化动态模型。刘等（Liu et al.，2021）关注项目在紧急情况下的风险管理，即最大限度地减少完工时间、提高调度稳定性，并通过两者组成适应度评价函数。陈志远等（2021）考虑需求和开发人员不确定性下的软件项目调度问题，提出一种双归档进化算法进行求解，并通过自适应选择和更新策略改善算法性能。扎曼等（Zaman et al.，2021）提出一种基于多算子的仿真辅助进化框架，对不确定工期进行模拟，并在项目规模超过120的工业问题上验证了该方法的有效性。张和钟（Zhang and Zhong，2018）假设工期和资源分别服从贝塔分布和指数分布，以最小化项目预算为目标构建了一个非线性的组合优化模型，综合考虑了不确定性带来的提前奖励、延迟惩罚以及偏离成本等。

针对多模式和多项目环境，巴卢卡等（Balouka et al.，2021）考虑活动工期不确定下的多模式资源受限项目调度的执行模式和资源分配，以最大限度地减少最坏情况的项目持续时间为目标，建立鲁棒性调度策略。萨蒂克等（Satic et al.，2020）考虑了任务时间不确定性和随机到达对现有计划的扰乱，研究了动态和随机的资源受限的多项目调度问题，建模为离散时间马尔可夫决策过程，探索通过编程算法解决计算性能限制。对于不确定环境下的DTRTP，隆和奥哈顿（Long and Ohsato，2008）使用模糊关键链方法分析了DTRTP的项目规划和执行，并在项目结束时插入项目缓冲区以应对不确定性。田和德穆勒梅斯特（Tian and Demeulemeester，2013；2014）指出，在执行阶段，使用资源流网络的调度策略在平均工期和稳定性成本方面表现最好。田等（2017）研究表明，计划工期短、并行率高的基准调度方案，在随机环境中的执行绩效更优。这几项研究致力于在施工阶段寻找更好的调度策略和更好的模式组合，来执行DRTPT基准调度计划。

反应式项目调度是对项目在执行过程中发生干扰或中断进行修改基准调度或重新制订计划的一种调度方式（田文迪等，2014）。德布拉雷等（Deblaere et al.，2011）考虑了多模式RCPSP下基础计划执行过程中与原计划偏离的可能性，用禁忌搜索启发式算法修订基础计划，建立反应式计划以应对资源和时间的不确定性。库斯特等（Kuster et al.，2010）通过考虑项目延误成本、活动执行成本和活动次数调整成本的加权和，基于干扰管理理论，使用重调度和改变项目流程作为干预措施，以应对项目执行过程中的扰动。埃卢米等（Elloumi et al.，2017）解决了不同资源需求和活动工期下的多目标反应性项目调度问题，并以最小的项目工期和最低的调整成本为目标。王艳婷等（2017）在活动工期随机中断下，以调整损失成本、鲁棒性、完工时间为目标，与是否固定资源流组合比较分析多模式调度的最优策略。宋等（Song et al.，2022）在优先级和资源的约束下，提出一种以项目工期最小化、调整成本最小化为目标的双目标反应式项目调度问题。查克拉博蒂等（Chakrabortty et al.，2021）考虑实际项目调度问题中资源的不稳定性，对单个和一系列资源中断的情况进行模拟，提出一种基于事件的响应式方法恢复调度进程。彭等（Peng et al.，2023）以最小化调度调整成本为目标，调整多项目调度。

针对多技能和多模式的项目类型，提布等（Dhib et al.，2016）以最小平均完工期和最小计划变动为双目标，为多技能项目问题构建反应式调度模型。王艳婷等（2018）在活动工期随机中断下，以调整损失成本、鲁棒性、完工时间为目标，与是否固定资源流组合比较分析多模式调度的最优策略。李佳媛和何正文（2015）针对资源随机中断情况下多模式项目，以实际计划与基准计划偏差引起的成本为目标，设计了优于基准列表算法和随机生成算法的禁忌搜索算法。埃卢米等（2021）以最小的项目工期和最低的调整成本为目标研究了多模式项目反应性调度问题，使用具有多个变体的三种启发式方法来修复最初中断的调度。德尔戈沙埃等（Delgoshae et al.，2017）专注于多模式资源约束项目调度问题，研究抢占性资源以最大化 MRCPSPs 的净现值，提出了一种新的前向规划启发式来修改过度分配的调度。蒂尔科莱等（Tirkolaee et al.，2019）开发了一种非线性规划模型来解决支付计划中的多目标多模式资源受限项目调度问题，它以最大化项目净现值和最小化项目工期作为调度目标，考虑了可再生资源和不可再生资源。

反应式项目调度问题属于 NP-hard 问题，现有文献中开发了许多算法来解决这类问题。这些算法包括精确算法、启发式算法、智能优化算法等（Song et al.，2022）。王等（Wang et al.，2019）为资源中断的反应调度问题构建了一个反应调度子模型，提出了相适应的缓冲变化算子和交叉算子的遗传模拟退火算法。拉赫曼等（Rahman et al.，2021）提出 IGFBIS 和 IGFBID 的高级元启发式方法来解决现实项目中减轻不确定性或中断的联合问题。舒沃等（Shuvo et al.，2023）集成了化学反应优化 CRO 和遗传算法 GA，称为 CRO – GA，与最先进的自适应粒子群优化、多智能体优化算法、人工蜂群、遗传算法等相关方法进行了比较，发现所提方法在求解 RCPSP 时具有更好的结果。王等（2020）分别分析了网络结构中断、活动中断和资源中断对调度方案的影响，并设计了双种群遗传算法来解决这个问题，旨在最大限度地降低项目的总成本。李等（2021）以最大化反应性调度的鲁棒性为目标，基于遗传算法对一系列活动工期中断的基准调度开发了反应式程序。

第三节 本章小结

本章概括了项目调度的概念、研究现状和鲁棒调度这一新兴热点，阐述了其重要性、内涵和研究方向。可以概括为以下几点：

（1）项目调度是项目管理中的一个重要环节，旨在根据项目目标合理安排各项活动的执行顺序和时间，制订合理的项目计划。其中，资源受限项目调度问题（RCPSP）和多模式资源受限项目调度问题（MRCPSP）是该领域的研究热点，已有大量精确算法和启发式算法用于求解。但现有的项目调度计划大多是在确定性环境下制订的，而实际执行过程中往往存在不确定因素，导致计划与实际偏离。

（2）新兴的鲁棒项目调度旨在制订具有抗干扰能力的计划，包括质量鲁棒性（保证按期完工）和解鲁棒性（执行过程符合计划）两个方面。分为预应式调度（计划阶段）和反应式调度（执行阶段），通过时间缓冲等技术应对不确定性。已有大量研究针对鲁棒调度的度量指标、算法和机制等展开探讨。

（3）项目调度问题多是 NP – Hard 问题，相对于精确算法，启发式算法在该领域得到更广泛的应用。尤其是在传统的资源受限项目调度基准计划的建立方面，启发式算法的适用性在许多研究文献中都得到了证实。启发式算法同样也适用于鲁棒性调度领域，这是因为一方面大多数鲁棒性预应式计划是在传统资源受限项目调度基准计划的基础上建立的，另一方面关键链集中缓冲与分散缓冲方法的实现也多为组合性优化 NP – Hard 问题。因此该领域进一步的研究同样涉及启发式算法和智能算法的应用及实现。

第二章

时间缓冲相关理论与应用

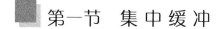 第一节 集中缓冲

一、关键链项目管理与集中缓冲

关键链项目管理（Critical Chain Project Management，CCPM）是项目调度中较早出现的应对完工不确定性的管理方法，始于高德拉特（Goldratt）《关键链》（1997）一书，其首要思想是用关键链（critical chain）替代传统项目管理中的关键路径（critical path）。关键路径只考虑到项目的工序关系，并未考虑到资源约束，而大多数项目是存在资源限制的，导致了许多活动不能同时进行，因此将关键路径（CP）延长到关键链（CC），作为决定项目长度的最长一条链路。关键链同时考虑了工序的前后关系和资源限制，是决定项目最终工期的最长链。从约束理论的角度讲，关键链是整个项目的瓶颈链，因此所有资源以及活动都要围绕关键链来调度。

时间缓冲区技术是解决鲁棒项目调度问题的重要方法，该方法下的两

大类缓冲——关键链集中缓冲法（Critical Chain Buffer Management，CC/BM）和各种分散缓冲法，都强调在项目活动中插入缓冲对项目和活动进行保护，以生成稳健的项目计划，来应对项目执行过程中发生的突发情况，其中，关键链集中缓冲是在项目结尾处插入项目缓冲（project buffer），在关键链与非关键链交汇处插入接驳缓冲（feeding buffer），以保证项目按时完工。CC/BM 的缓冲设置体现了风险聚合原理，是一种集中式的缓冲，将安全时间集中起来作为缓冲来消除不确定性因素的影响。由于其对资源约束及不确定因素的思考，关键链法被认为是项目管理领域最重要的进展之一，其缓冲大小的计算研究在理论界已较为成熟。

二、集中缓冲在项目调度中的应用现状

相对于传统项目管理，关键链项目管理在理论和方法上都有重大突破（Leach，1999），迅速成为学术界的热点，国内外许多学者对其特点、价值及应用进行了全面的描述。例如，马国丰和屠梅曾（2002）、马国丰等（2004）及沃森等（Watson et al.，2007）从 TOC 理论应用的角度分析了关键链特点。兰德（Rand，2000）、蔡晨和万伟（2002）、刘士新等（2003）总结了传统计划评审技术、关键路径法以及 CC/BM 方法的特点，分析了彼此之间的区别与联系，对下一步的研究进行了展望。莱克尔等（Lecher et al.，2005）则专门将关键路径与关键链相比较。布莱克斯通等（Blackstone et al.，2009）则在阐述传统项目管理方法缺陷的基础上，全面分析了 CC/BM 方法的优势。科文尼和盖洛普（Cerveny and Galup，2002）以理论和数据为基础，指出了关键链项目管理的优点。雷兹等（Raz et al.，2003）则仔细分析了关键链项目管理中的原理及相关定义，分析了其在实践中的可行性。斯泰恩（Steyn，2000；2002）从单项目和多项目研究了 CC/BM 方法在项目成本管理以及项目风险管理中应用的相关条件和可能性。

关键链项目管理也越来越多地应用于各个行业，以有效解决不确定性

并管理项目进度（Leach，1999；Yeo and Ning，2002；Umble M and Umble E，2006）。有学者将传统的关键路径方法（CPM）与关键链项目管理（CCPM）进行了比较，强调了资源依赖性的差异（Shurrab et al.，2015）。还有学者通过关键路径法和关键链的比较分析，提出了公共机构的项目管理实践（Petroutsatou et al.，2019）。另有学者将关键链法（CCPM）从传统单项目调度转向多项目领域，探索了其在多项目调度中的应用（Tian et al.，2019）。有学者设计实施一种基于关键链方法（CCPM）的新型集成预应—反应式调度算法，反应式调度阶段应用了离散时间马尔可夫模型，该模型在强化学习中嵌入查找表动态调整，由 CCPM 的缓冲区计算成本值（Peng et al.，2023）。

除了使关键链代替传统的关键路径外，关键链项目管理的另一核心思想是设置缓冲保护项目按时完工。考虑到帕金森定律（Parkinson's Law）（Parkinson，1957；Gutierrez and Kouvelis，1991）和学生综合征（Student's Syndrome）（Gersick，1988；Buehler et al.，1994；van Oorschot et al.，2005）等的行为因素，高德拉特（Goldratt，1997）提出将关键链所有活动的安全时间提出放在关键链末端以保护项目完工（项目缓冲），同时将非关键链活动的安全时间提出放于非关键链与关键链交汇处，以保护关键链活动能尽早开始（接驳缓冲）。因此这种缓冲设置是集中式的，将缓冲集中起来放于链路末端保护关键链和整个项目。

关键链项目管理通过集中插入缓冲来吸收项目中的不确定性以保护关键链，进而确保项目在实施时可以在期限内完工，因此缓冲成为关键链项目研究的另一核心，缓冲大小的计算和应用便成为研究热点。计算缓冲大小两种最经典的方法是剪切法（cut and paste method，C&PM）以及根方差法（root square error method，RSEM）。剪切法是高德拉特（1997）在提出关键链时所设定的，具体计算是将关键链中所有活动时间的一半作为项目缓冲的大小，将非关键链中各个活动时间的一半作为其所对应的接驳缓冲的大小。纽博尔德（Newbold，1998）提出 RSEM 法，将链路上活动安全时间的平方和的平方根作为缓冲大小。后续有许多方法则是基于 RSEM

计算公式，加入了对项目不同特征的考虑进行改进，如图基等（Tukel et al.，2006）考虑了活动使用资源的特征和网络复杂度，由根方差法计算公式，提出了缓冲的密度求解法（APD）和资源紧度求解法（APRT）。国内许多学者研究时分别考虑了资源紧张度、网络复杂度、管理者风险偏好等不同因素。如马国丰等（2005）在计算缓冲大小时首先解决了项目计划的资源冲突问题，在此基础上考虑不确定性的影响，建立计算缓冲大小的公式。刘士新等（2006）考虑了项目各活动自由时差，结合根方差法计算的接驳缓冲大小来确定缓冲大小。褚春超（2008）与张宏国等（2009）在计算缓冲大小时都考虑了项目资源紧张度、网络结构复杂度等因素。杨立熙等（2009）集中分析了活动数、活动时间及开始时间稳定性等项目特征，建立了缓冲大小计算公式。别黎和崔南方（2011）则重点研究了多项目中诸多不确定因素以及"瓶颈"资源的特征，提出了多项目管理中能力约束缓冲（Capacity Constraint Buffer，CCB）计算方法，用以保证多项目按期完工。别黎等（Bie et al.，2012）提出了综合考虑资源利用率、网络复杂性、活动相关性等因素来决定缓冲大小的新方法。此外，霍尔和泰勒（Hoel and Taylor，1999）通过仿真模拟得到项目完工率（TPCP）和平均完工时间，在此基础上提出了计算缓冲大小的方法。张俊光等（2017）对鲁棒调度的缓冲设置方法进行了归纳总结和分类评述，提出进一步的研究方向。扎尔加米等（Zarghami et al.，2020）分析了资源分配影响项目按时完工的概率，考虑项目资源的可靠性引入了一种新的缓冲区大小调整方法。佘等（She et al.，2021）提出了一种基于网络分解的缓冲区大小调整方法，将供给链与其对应的关键链进行比较，以有效地确定缓冲区大小。

还有学者研究了缓冲监控方法用以调整项目计划，别黎等（2014）提出了基于活动敏感性信息和动态阈值设置的关键链缓冲监控方法。胡等（Hu et al.，2015）从成本—效率的角度提出了一种新的关键链缓冲监控方法，通过评估完工率与赶工成本的比值，决定何时赶工以及哪个活动赶工。张俊光等（2017）认为应在项目执行情况中根据缓冲消耗情况设置动态的缓冲触发点。胡等（2017）提出依赖于项目进度和缓冲区穿透的动态阈值设置，并将缓冲监控结果用于开启反应式调度，同时考虑资源成本和计划稳定性，采用增加资源配置的手段来修复计划。科林等（Colin et al.，2015）通过在不同阶段分配项目缓冲来实现缓冲监控，并为挣值管理指标设置公差限性，旨在为项目经理提供关于预期项目结果的准确和可靠的信息。

可见，关键链识别和缓冲大小设置问题已有了大量文献研究，缓冲管理也成为 CCPM 的核心内容之一。但许多学者也对 CCPM 提出了质疑，如赫罗埃伦和列乌斯（Herroelen and Leus，2001）、雷兹等（Raz et al.，2003）等：一是认为活动安全时间的估计和缓冲大小的确定没有充分考虑各个活动受不确定因素的影响程度；二是在制订关键链调度计划时，没有充分研究缓冲位置对基准调度计划的影响，因为在资源受限的情况下，在基准调度计划中插入接驳缓冲后，可能重新产生资源冲突，这样会使得缓冲失去预警保护作用。实际上，由于项目网络的复杂性，插入接驳缓冲后可能会出现各种问题，如插入接驳缓冲后往往会出现资源的再次冲突，重排后的非关键链溢出、关键链断裂、缓冲所在位置起不到保护作用等。目前解决非关键链接驳缓冲问题的国内外研究文献较少，彭武良和王成恩（2010）首先使用优先权建立关键链项目计划，再将缓冲作为不使用资源的活动进行再次调度来解决上述资源冲突问题。崔等（Cui et al.，2010）使用分支定界法对关键链计划进行重排，并提出了局部和全局两种重排策略，最后将重排方法应用到项目实例中证明了方法有效性。但这两种重排方法只解决了插入缓冲后的资源冲突问题，重排后非关键链的溢出和关键链断裂等问题仍然存在。虽然高德拉特（1997）认为这些问题在执行过程中会由缓冲中和掉，但仍会造成项目执行混乱，且随着项目鲁棒性调度的提出，这种问题式的缓冲计划难以满足计划鲁棒性要求。

▊ 第二节 分散缓冲

一、分散缓冲的概念

随着研究的深入，许多学者如列乌斯（Leus，2003）和范德冯德等（Van de Vonder et al.，2006；2008）等提出了分散式的缓冲方法，在项目的某些活动前插入时间缓冲来增强计划的稳定性。分散缓冲法将缓冲分散地插入各个活动中，保证各活动不受前序活动延时的影响，并在执行时按"时刻表"（railway）策略进行，各活动不得早于计划的时间进行，因此各活动具有执行时间的保证性，从而保证了项目能稳定地按计划进行，减少了许多协调成本。但这种分散式的缓冲，更多是对单个活动起保护作用，由于项目的多样性和网络的复杂性，这类缓冲是否能对整个项目的完工起到保护作用尚未可知。

二、分散缓冲的种类和应用现状

对于分散缓冲的大小及设置，许多学者同样基于不同的项目特征和不确定因素提出了多种方法。列乌斯（2003）首先提出了 ADFF（Adapted Float Factor Model），该方法考虑了项目活动的自由时差（float）和浮动因子，将各活动开始时间定为：$s_i(S) = s_i(ESS) + \alpha_i [s_i(LSS) - s_i(ESS)]$，其中 $\alpha_i \in (0，1)$ 称为浮动因子，$\alpha_i = \dfrac{\beta_i}{\beta_i + \delta_i}$，$\beta_i$ 是活动 i 及其所有直接与间接前序活动的权重和，δ_i 为活动 i 所有直接和间接后续活动的权重和，其中权重是指活动其偏离计划开始时间所引起的单位时间成本，即惩罚因子。范德冯德等（2005）通过模拟仿真实验证明了该方法在出现较大扰动的情况下能生成比较稳健的、具有鲁棒性的调度计划。但该方法仅考虑了活动开始时间偏离成本（权重）和浮动因子，使这种分散缓冲大小的计算存在局限性。范德冯德等（2006）在原有 ADFF 基础上设计了 RFDFF（Resource Fow-dependent Float Factor）法，该方法在原有的基础上考虑了项目的资源受限和资源冲突情况，加入了资源流网络 G′以防止资源冲突，浮动因子 α_i 的计算综合考虑了项目活动网络 G 和资源网络 G′。

此外，范德冯德等（2008）还提出了 VADE、STC 和禁忌搜索方法。VADE（Virtual Activity Duration Extension）法考虑到活动时间的不确定性，将活动时间的概率分布参数作为分散缓冲大小的计算依据。STC（Starting Time Criticality）法定义了指标 STC，来表示各活动实际开始时间超过其计划开始时间的危险程度，活动 j 的 STC 值定义为：$STC(j) = P(S_j > s_j) \times w_j$，$S_j$、$s_j$、$w_j$ 分别表示活动 j 的实际开始时间、计划开始时间和惩罚因子，$P(S_j > s_j)$ 表示活动 j 不能按计划时间开工的概率。该方法采用迭代法确定插入缓冲的位置，每次迭代时，计算所有活动的 STC 值，在最大 STC 值相对应的活动前插入一个时间单位的缓冲，并更新调度计划，进行下一次迭代，直到鲁棒性没有再改善的余地。

VADE 与 STC 方法同为启发式算法，迭代所得结果都可能为局部最优解。为得到全局最优解，该文章中使用了禁忌搜索算法（tabu search），在启发式算法每次迭代最优解中加入了邻域，该邻域包括 $2 \times (n-1)$ 个解，表示项目的每个非虚拟活动都包括两种解：增加 1 单位缓冲（plus-move）和减少 1 单位缓冲（minus-move）。同时为避免重复搜索，算法中存储了两个"禁忌表"（tabu list）：最近的 plus-move 和最近的 minus-move，每个表的长度都为 $\lfloor \sqrt{n} \rfloor$，在为每个活动增加或减少 1 单位缓冲之前，都要检查这个活动是否在另一个禁忌表中。尽管这种禁忌式的搜索法减少了搜索中大量的重复性，但每次迭代都产生大量的邻域解，需要对其进行模拟。

以上分散缓冲方法都是在活动时间不确定的项目调度中的应用。针对项目调度中的资源不确定性，兰布雷希茨等（Lambrechts et al.，2008）提出了相应的分散缓冲插入方法，他们利用资源中断时间（MTTF）和维修时间（MTTR）两个参数，来计算活动时间的期望延迟 $E[\sigma]$，并运用迭代法对活动期望延迟进行降序排列，每次迭代为延迟最重的活动插入缓冲。兰布雷希茨等（2010）提出了基于资源扰动的三种时间缓冲方法：基于模拟的最速下降时间缓冲、使用替代指标的时间缓冲和基于 STC 方法的时间缓冲。其中最速下降法完全依靠计算机模拟计算鲁棒性成本，每次迭代找到使鲁棒性提升最大的活动，插入时间缓冲。替代指标法包括三种替代指标，都是以参数 MTTR 和 MTTF 的分布特征值为基础作为鲁棒性成本的计算指标，来代替最速下降法中的时间偏离惩罚成本，省去了大量模拟计算。庞等（Pang et al.，2018）研究了导致活动开始时间延迟的影响因素，引入资源流算法和禁忌搜索求解基础调度，采用迭代过程设计基于分散缓冲的鲁棒调度。

■ 第三节　两种缓冲的对比

集中缓冲常受资源冲突影响且不能作用到每个活动，不能保证计划的稳定性。赫罗埃伦和列乌斯（2001）以及雷兹等（2003）等认为在资源受限的情况下，在基准调度计划中插入接驳缓冲后，可能重新产生资源冲突，使项目调度计划不合理，甚至在项目执行过程中消耗缓冲时，都可能引起新的资源冲突和关键链发生变化，使得缓冲失去保护作用。另外，赫罗埃伦（2007）提出关键链计划中的缓冲都是集中于各个链路末端，保护整个项目而非个别活动的如期完成，其保护性并不能作用到每个活动，因此在项目执行过程中，当单个活动发生延迟时，缓冲往往并不能给后续的活动予以及时的保护，进而影响整个计划的稳定性。而分散式的缓冲，更多是对单个活动起保护作用，由于项目的多样性和网络的复杂性，这类缓冲是否能对整个项目的完工起到保护作用尚未可知。两种缓冲各具优缺点，选择集中缓冲还是分散缓冲，显然要考虑到具体的项目特征和项目执行环境。

为此，有学者对各种缓冲方法的应用进行了比较研究，代表性的有范德冯德等（2005；2006；2008）等针对时间不确定性和兰布雷希茨等（Lambrechts et al.，2010）针对资源不确定性所做的缓冲应用对比研究。一般需要通过模拟实验，才能对比分析各种缓冲方法的鲁棒性效果。实验设计内容如表 2 – 1 所示。

表 2 – 1　　　　　　　　　缓冲方法比较研究的内容

作者\实验设计	比较的缓冲方法	项目特征参数	时间/权重分布	鲁棒性评价指标
Van de Vonder et al. (2005)	CC/BM、改进CC/BM、ADFF	WP、OS、n	时间：右倾斜 β 分布 权重：正态分布	TPCP、Stability Cost
Van de Vonder et al. (2006)	CC/BM、RFDFF	WP、OS、n、RC、RF	时间：右倾斜 β 分布 权重：均匀分布	TPCP、Stability Cost
Van de Vonder et al. (2008)	RFDFF、VADE、STC、禁忌搜索	Duration Variability、n	时间：右倾斜 β 分布 权重：三角分布	Stability Cost、计算时间
Lambrechts et al. (2010)	最速下降法、替代指标法、STC	WP、OS、n	权重：三角分布 MTTF：指数分布 MTTR：指数/均匀	Instability Value、计算时间

1. 设定项目特征参数

项目特征参数用于反映项目特征，主要包括：（1）项目活动数（n）：表示项目大小；（2）活动前后序列强度（Order Strength，OS）：项目中活动（直接和间接）前后关系总和除以最大可能的前后关系$\frac{n(n-1)}{2}$，用以表示项目网络结构的复杂度；（3）权重参数（Weighting Parameter，WP）：项目最后一个活动的权重（惩罚因子）跟其他所有活动权重平均值的比值，用来表示项目按期完工的重要性；（4）资源种类使用率（Resource Factor，RF）及资源数量使用率（Resource Constrain，RC）：反映项目资源使用特征；（5）活动时间的变化性（duration variability）：反映时间的不确定性程度；（6）资源中断时间（Mean time to failure，MTTF）与资源维修时间（Mean time to repair，MTTR）：反映资源的不确定性程度。给定这些参数，就可以使用项目随机生成软件 Rangen 来生成特定的项目网络（Demeulemeester and Vanhoucke，2003）。

2. 设定不确定性变量的概率分布

项目在执行过程中的活动时间、资源以及活动的权重具有不确定性，因此在模拟项目运行时，要预先设定这些不确定性变量的概率分布。范德冯德（2008）和兰布雷希茨等（2010）的研究做了如下假定：活动时间服从右倾斜 β 分布；权重服从正态分布、均匀分布、成三角分布；资源中断时间 MTTF 与资源维修时间 MTTR 服从指数分布或均匀分布。

3. 确定鲁棒性评价指标

为比较各种缓冲方法应用的效果，常用下列指标进行评价。用项目按时完工率（TPCP）评价项目质量鲁棒性，用鲁棒性惩罚成本（stability cost）评价解鲁棒性，用仿真运行时间（computational time）评价算法的效率。

4. 比较的缓冲方法

文德等（Vonder et al.，2005）对 CC/BM、改进 CC/BM 和 ADFF 三种方法进行了对比研究。CC/BM 集中缓冲大小的设置主要采用剪切法（C&PM），而改进 CC/BM 则提出了解决接驳缓冲过长导致非关键链溢出的方法，当出现非关键链溢出时，该方法截取非关键链上初始活动（gate-task）的浮动时间为接驳缓冲的长度，实验结果发现，当截取百分比为 30％时，项目的鲁棒性较好。文德等（2006）采用同样的实验环境，将改进的 RFDFF 方法与 CC/BM 进行了比较。文德等（2008）选取项目数据库（PLPLIB）中的 J30、J60、J120 作为项目环境，对几种分散缓冲法——RFDFF、VADE、STC 方法和禁忌搜索算法进行了比较研究。兰布雷特等（Lambrechts et al.，2010）针对资源不确定条件下的三种分散缓冲方法进行了对比研究，即基于模拟的最速下降时间缓冲、使用替代指标的时间缓冲和使用 STC 的时间缓冲。

文德等和兰布雷特等在上述设定的实验环境下，重点对集中缓冲与分散缓冲、各种分散缓冲进行了比较研究。这些文献的比较实验的研究结论如下。

（1）集中缓冲 CC/BM 与分散缓冲 ADFF、RFDFF 的比较。

当项目权重参数 WP 增大，即整个项目的按时完工更为重要时，ADFF 与 RFDFF 的完工率 TPCP 会增大直至与 CC/BM 接近，表明当按期完工变重要时，以保障按期完工定位的 CC/BM 集中缓冲较之分散缓冲的优势变弱。对于缓冲大小的设置，当 OS 和 n 增大，即项目网络越复杂时，按时完工所需的项目缓冲也越大，且 50% 的缓冲大小对大型复杂项目网络来说偏大，一般 30% 的缓冲大小较好。另外，资源种类使用率 RF 对项目按期完工率的影响不大，而资源数量使用率 RC 随着权重参数 WP 的变化对分散缓冲的影响较大：当 WP 低且 RC 增大时会导致分散缓冲 RFDFF 的完工率下降，而当 WP 高且 RC 增加时使 RFDFF 的完工率较好。

（2）分散缓冲 RFDFF、VADE、STC 与禁忌搜索法的比较。

比较的内容在于各种分散缓冲法的解鲁棒性。总体来说，STC 比 VADE 和 RFDFF 的鲁棒性好，RFDFF 难以解决资源冲突问题，尤其在大型项目网络上鲁棒性较差。禁忌搜索法效果最好但模拟耗时过多，STC 方法与禁忌搜索效果接近，且模拟耗时比禁忌搜索要少得多。综合考虑，STC 法较优。

（3）资源不确定条件下最速下降法、替代指标法（SURR）与 STC 法的比较。

最速下降法与 STC 法的解鲁棒性较好，但最速下降法基于大量模拟，模拟计算中运行时间过长。另外，在三种受干扰活动处理方式中，活动继续的处理方式下 STC 方法鲁棒性较好。替代指标法中，第一替代指标 SURR1 鲁棒性较好，可用以替代 STC。最终结论是推荐 SURR1 方法与 STC 法。

第四节　本章小结

本章介绍了集中缓冲与分散缓冲的相关概念和应用现状，阐述了两种缓冲对比研究的相关结论。可以概括为以下几点：

（1）关键链集中缓冲的提出和研究较早，已有许多经典的缓冲大小计算和管理方法。后来在分散缓冲 ADFF 和 RDFF 方法提出后，有学者将其与 CC/BM 集中缓冲进行了对比，实验结果指出，在项目环境变动的情况下，集中缓冲与分散缓冲对两种鲁棒性保护性优势的大小也在发生变化。在特定的情境下，甚至会丧失自身的鲁棒性优势。所以这些研究表明，采用集中缓冲管理还是分散缓冲管理，要视项目特征而定。但什么情况下应采用哪种缓冲，以往研究并未明确指出，没明确指出特定项目特征下，哪种缓冲方法更加适用。

（2）RFDFF、VADE、STC 与禁忌搜索法等新的分散缓冲方法提出后，通过实验的比较研究，得出 STC 以及替代指标法分散缓冲方法较好，不论在解鲁棒性还是实验耗时方面，都有优势。但相关文献在研究这些分散缓冲时，缺少了对质量鲁棒性的思考，即缺少按期完工方面的考虑，且新的分散缓冲法提出后并未与 CC/BM 集中缓冲相比较。

（3）在关键链项目管理中，由于非关键链查找和接驳缓冲插入的情况多变，较为复杂，因此已有研究较少关注接驳缓冲。但正是由于这些复杂性，导致接驳缓冲插入后可能会出现各种问题，如资源的再次冲突、重排后的非关键链溢出、关键链断裂、缓冲所在位置起不到保护作用等。这些问题往往增加计划制订难度，或导致计划的不合理，最终造成项目执行混乱，增加项目执行成本。

27

总体来说，要根据项目执行环境和项目本身特点来决定采用缓冲集中配置还是分散配置。对于同一项目调度问题，应在什么情况下采用集中缓冲区，又在何种情况下采用分散缓冲区是值得研究的重要问题。同时关键链计划的接驳缓冲所引起的问题也急需解决，以提高计划的合理性和执行的鲁棒性。

第二篇　基于缓冲的单模式
项目鲁棒性调度

第三章

基于关键链集中缓冲的
鲁棒项目调度

■ 第一节 引 言

鲁棒项目调度通常用解鲁棒性（solution robustness）和质量鲁棒性（quality robustness）来衡量项目调度计划的鲁棒性（Herroelen and Leus，2004；Al‐Fawzan and Haourai，2005），其目的是制订一个抗干扰能力强的鲁棒性计划。其最具代表性的计划制订方法是关键链缓冲管理法（Critical Chain Buffer Management，CC/BM）（Goldratt，1997）和分散缓冲管理法（Herroelen and Leus，2004；Van de Vonder et al.，2005；2006；2008）。

CC/BM 是一种集中缓冲管理方法，其主要思想是用关键链代替传统的关键路径，并在项目结尾处插入项目缓冲，在关键链与非关键链交汇处插入接驳缓冲，以保证项目按时完工。因其具有较好的完工保障性，所以该方法多用于解决质量鲁棒性问题。在执行关键链计划时，按照"接力赛"策略进行，各活动并不严格按原计划开始时间开工，只要紧前活动完工，后续活动便马上开工，因此其质量鲁棒性较好。

近年来，关键链项目管理（CCPM）得到了企业界和学术界的广泛关注，其主要思想是用关键链代替传统的关键路径，在项目结尾处插入项目缓冲（Project Buffer，PB），而在关键链与非关键链交汇处插入接驳缓冲（Feeding Buffer，FB），以保证项目按时完工。

国内外已有许多关于关键链的学术研究成果，研究内容主要集中在关键链识别方法的优化和缓冲大小设置两个方面。按照高德拉特（1997）的定义，同时考虑活动紧前关系和资源约束的最长链即为关键链，它决定了项目工期的长短。关键链识别算法是 CCPM 的重要研究内容。曼德斯等（Mendes et al.，2009）等使用随机数编码，设计了一种基于优先级的遗传算法进行关键链识别。田文迪和崔南方（2009）运用动态规划设计启发式算法，并使用项目管理数据库中的项目案例验证了方法的可行性。程序和吴澄（2006）提出了带有预约时间窗口约束的项目调度模型，将分支定界法和启发式算法结合来识别该类项目模型的关键链。

识别关键链后，要在项目网络中设置项目缓冲和接驳缓冲。由于项目网络的复杂性，插入接驳缓冲后可能会出现资源的再次冲突，需要对计划进行重排；重排后又可能出现关键链断裂、非关键链溢出等问题，目前对这些问题的研究并不多。赫罗埃伦和列乌斯（2001）认为，插入接驳缓冲后，可能在原有基准计划的某些地方产生资源冲突，使得缓冲失去预警保护作用，所以，插入缓冲后需对原基准计划进行调整，但他们并没有就如何调整进行研究。彭武良和王成恩（2010）在提出一种基于优先权的关键链项目计划生成方法的基础上，将缓冲作为虚拟活动进行二次调度。崔等（Cui et al.，2010）与田文迪等（2011）使用分支定界法进行关键链计划重排，并提出了局部重排和全局重排两种策略，最后使用大量的数据实验证明方法有效。但现有两种重排方法及关键链计划商业软件只解决了插入缓冲后的资源冲突，重排后非关键链的溢出和关键链断裂等问题仍然存在。

本章首先以一个实例展示基于集中缓冲的关键链项目调度计划构建过程，而后阐述插入接驳缓冲后出现的问题。为解决这些问题，本章用二阶段启发式算法对出现问题的关键计划直接进行重排：第一阶段运用动态规划和三种重排优先级规则对计划进行重排。针对重排后仍然存在关键链断裂或非关键链溢出的项目，运用第二阶段提出的启发式算法进行二次重排，得到合理的关键链计划。最后，对 Patterson 问题集中 110 个实例进行模拟仿真，验证本章的两阶段重排算法的可行性、有效性和适用性。仿真结果表明，大多数项目使用该方法后平均项目长度、项目即时完工率等绩效较优，说明该方法能生成可靠的重排方案。

第二节 基于集中缓冲的关键链项目调度计划

对于项目管理库（PSPLIB）中的帕特森例 1（patterson_pat1），分别用集中缓冲法和分散缓冲方法制订鲁棒性调度计划。该项目有 12 个活动、3 种资源，每种资源可用量分别为 2、1、2，项目网络图如图 3-1 所示，为节点型项目网络图。

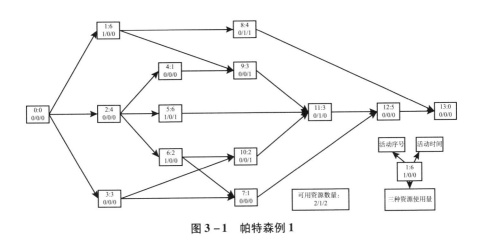

图 3-1 帕特森例 1

要得到集中缓冲计划，首先用高德拉特理论查找关键链：用德穆勒梅斯特和赫罗埃伦（Demeulemeester and Herroelen，1992）所设计的分支定界法生成 RCPSP 基准调度计划（baseline scheduling），见图 3-2；向后移动各个可能移动的活动，直到不能移动，生成图 3-3 中新的项目活动时

间计划安排；所有不能够后移的项目活动为关键链活动。最终得到关键链
为 0 – 1 – 9 – 10 – 11 – 12 – 13。

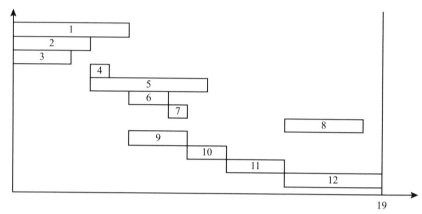

图 3 – 2　分支定界法所得到的帕特森例 1 基础排程

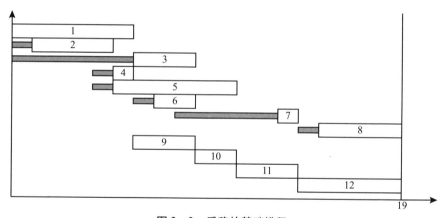

图 3 – 3　后移的基础排程

关键链确定后，用所提的启发式方法查找非关键链（田文迪，2009）：
从前向后，从第一个非关键链上的活动开始，搜查下一具有紧后关系且不
处于关键链上的活动，直到遇到关键链上与其具有紧后关系的活动为止，
形成一条非关键链；如此循环，直到所有的非关键链上活动都能属于某一
条非关键链。

确定关键链和非关键链后，在基础排程中插入接驳缓冲和项目缓冲，

这里运用简单的剪切法（C&PM）来计算缓冲大小，其中接驳缓冲采用50%的非关键链长度，项目缓冲用30%的关键链长度。最后对非关键链溢出做调整，减少非关键链2-4中的接驳缓冲大小，最终生成的关键链计划如图3-4所示。

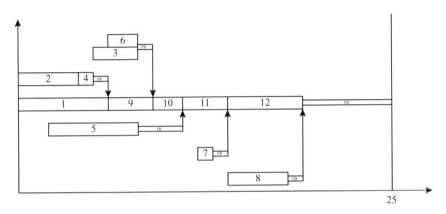

图3-4　关键链集中缓冲调度计划

第三节　接驳缓冲引起的问题

在基准计划中插入接驳缓冲区可能会导致资源冲突或优先级冲突。为了消除这些冲突，可能会出现关键链断裂或非关键链溢出新的问题。本节分别用两个简单的例子来描述消除资源冲突和优先级冲突引起的新的问题，在此基础上构建模型。

一、消除资源冲突后引起新问题描述

在图3-5中，图3-5（a）表示实例1的网络结构图，存在8个非虚拟活动和4种资源类型，即资源类型B、C、D和E。资源类型B、D和E的可用资源量为1，而资源类型C的可用资源量为5。每个活动的持续时

间为1天。图3-5（b）显示了一个基准计划，该计划有一条关键链和两条非关键链。而图3-5（c）中的缓冲计划是通过在基准计划中插入用C&PM方法计算的接驳缓冲区获得的。不难发现在ΔT期间，活动2、4和6之间存在资源类型C的冲突。

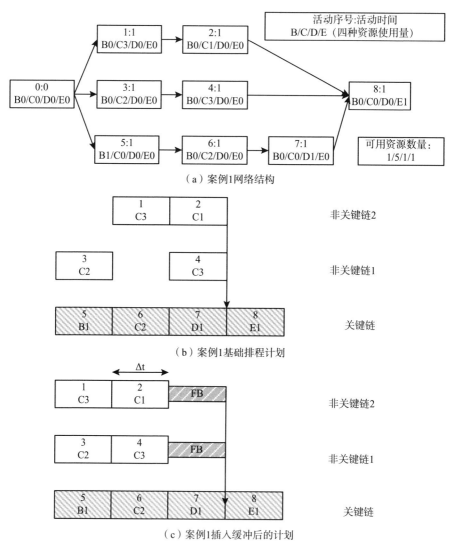

（a）案例1网络结构

（b）案例1基础排程计划

（c）案例1插入缓冲后的计划

图3-5 插入接驳缓冲区后引起资源冲突

为了解决图 3-5 所示的资源冲突，图 3-6 提供了三种无资源冲突的重新调度方案，这些方案通过左移活动获得。图 3-6（a）显示了通过将活动 5 和活动 6 左移到关键链上的两个单位来获得的重排方案。关键链中的活动 6 和活动 7 之间存在很大差距，可以称为关键链断裂。图 3-6（b）所示的第二个重新安排方案是通过将非关键链的活动 3 和活动 4 左移两个单位来实现的。出现了一个新问题：非关键链 1 比关键链更早开始，导致非关键链溢出。图 3-6（c）显示第三种重排方案，图 3-6（c）中获得了第三种重排方案，并且出现了相同的问题。第二种和第三种重排方案的区别在于，非关键链 2 的溢出量小于非关键链 1。其主要原因是在冲突期间，非关键链上活动 2 对 C 类资源的需求少于非关键链活动 1 对 C 类资源的需求。虽然这三种重新调度可以消除资源冲突，但可能会发生关键链断裂或非关键链溢出，得到的关键链调度仍然不合理。

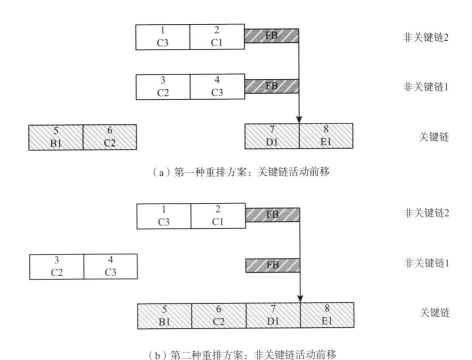

（a）第一种重排方案：关键链活动前移

（b）第二种重排方案：非关键链活动前移

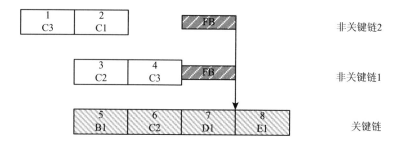

（c）第三种重排方案：资源最少活动前移

图3－6　重排后出现关键链断裂或非关键链溢出

二、消除紧前冲突后引起新问题的描述

图3－7（a）表示案例2的网络结构，有6个非虚拟活动和4种资源类型，包括资源类型B、C、D和E，资源类型B、D和E有1个资源可用量，而资源类型C的资源可用量为4。每个活动的持续时间为1个单位。图3－7（b）表示基础调度计划，该调度有一条关键链和一条非关键链。而图3－7（c）是通过插入接驳缓冲获得的重排计划，在Δt期间，活动3和活动4之间存在紧前关系冲突和资源冲突。因为活动3是活动4的前置任务，为了消除优先级冲突，将活动2和活动3向前移动1个单位，同时也解决了资源冲突问题，但导致了关键链断裂（见图3－8）。因此，如果发生冲突的活动在关键链上，则优先级冲突可能会导致关键链断裂。

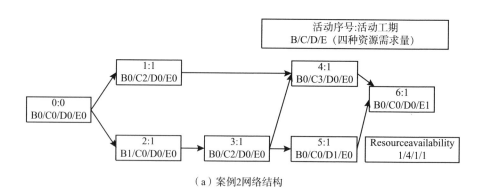

（a）案例2网络结构

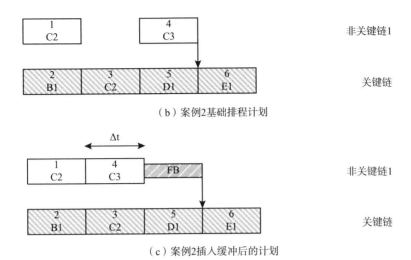

（b）案例2基础排程计划

（c）案例2插入缓冲后的计划

图 3-7　插入缓冲区后引起紧前关系冲突

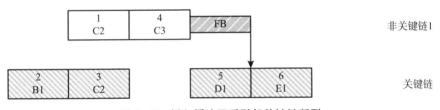

图 3-8　插入缓冲区后引起关键链断裂

三、问题模型

根据两个例子可以看出，尽管通过重排可以消除插入接驳缓冲区后引起的资源冲突或优先级冲突，但可能会出现一些新问题：关键链断裂或非关键链溢出。这两个问题中的任何一个都可能导致项目长度增加，这与CCPM认为关键链决定项目长度的理念相违背。关键链断裂和非关键链溢出问题的数学公式总结如下：

决策变量：

s_i 表示活动i的开始时间，$i \in N$，$i = 1, 2, 3, \cdots, n$，其中 n 表示活动数量。

s_{FBj} 表示接驳缓冲的开始时间 j，$j \in M$　j = 1，2，3，…，m，其中 m 表示非关键链的数量，等于缓冲区数量。

d_{FBj} 表示缓冲区 j 的大小，$j \in M$　j = 1，2，3，…，m，其中 m 表示非关键链的数量。

$d_{methodj}$ 表示通过 C&PM、RSEM 等方法计算得到的接驳缓冲区 j 的大小，$j \in M$　j = 1，2，3，…，m，其中 m 表示非关键链的数量。

$$\text{maximize} \sum_{j \in M} d_{FBj}$$

Subject to：

$$s_i + d_i \leq s_j, \quad \forall (i, j) \in P \tag{3.1}$$

$$s_{FBi} + d_{FBi} \leq s_j, \quad \forall (FB_i, j) \in P \tag{3.2}$$

$$s_i + d_i \leq s_{FBj}, \quad \forall (i, FB_j) \in P \tag{3.3}$$

$$\sum_{j \in M} d_{FBj} > 0 \tag{3.4}$$

$$s_N = CC \tag{3.5}$$

$$\sum_{i \in S_t} r_{ik} \leq a_k, \quad \forall k, \forall t \tag{3.6}$$

$$d_{FBj} \leq d_{Methodj} \tag{3.7}$$

$$s_i \geq 0, \quad s_{FBj} \geq 0, \quad d_{FBj} \geq 0 \tag{3.8}$$

目标函数是最大化接驳缓冲区大小之和。约束（3.1）规定了项目活动之间的优先关系。假设所有活动为完成到开始的关系，时滞为 0。约束（3.2）定义了接驳缓冲区与其关键链上后续活动之间的优先关系。约束（3.3）定义了接驳缓冲区与其非关键链上的前置活动之间的优先关系。约束（3.4）定义了所有接驳缓冲区的总和大于 0。约束（3.5）定义了虚拟结束活动的开始时间等于关键链的长度。约束（3.6）为资源约束。约束（3.7）定义了每个接驳缓冲区不应大于通过接驳缓冲区计算方法得到的缓冲大小。例如，如果选择 C&PM 接驳缓冲区设置方法，接驳缓冲区大小 $d_{methodj}$ 不超过非关键链的 50%（向上取整）；如果选择 RSEM 的接驳缓冲区设置方法，接驳缓冲区大小 $d_{methodj}$ 不超过非关键链上活动持续时间总和的平方根（向上取整）。

第四节　两阶段重排算法

表 3 - 1 给出了为应对插入接驳缓冲后出现问题的两阶段算法的一般流程。在初始化步骤中，通过分支定界算法（Demeulemeester and Herroelen，1992）获得项目工期最短的基础进度计划。然后描述第一阶段重排和第二阶段重排的两阶段重排算法：首先描述了如何通过基于优先级规则和向后递归过程的第一阶段重排来消除资源和优先级冲突；其次设计了第二阶段的启发式算法，用于解决第一阶段重排后出现的关键链断裂或非关键链溢出问题。

表 3 - 1　　　　　　　　　　　　　两阶段重排算法

初始化：采用分支定界法（Demeulemeester and Herroelen，1992）生成工期最短的基准调度计划 S^0

第一阶段重排：
第 1 步：识别关键链和非关键链（Tukel et al.，2006），插入接驳缓冲（C&PM or RSEM），生成含有缓冲区的调度计划 S^B。如果选择 C&PM 接驳缓冲区设置方法，接驳缓冲区大小 $d_{methodj}$ 为非关键链的 50%（向上取整）；如果选择 RSEM 的接驳缓冲区设置方法，接驳缓冲区大小 $d_{methodj}$ 为非关键链上活动持续时间总和的平方根（向上取整）。
第 2 步：检查是否存在任何优先级或资源冲突。如果是，则进入下一步；否则请转至步骤 4。如果紧前关系冲突和资源冲突同时发生，先解决紧前关系冲突。
第 3 步：使用后向迭代过程和优先级规则对含有缓冲区的调度计划进行重排，从而获得第一阶段重排计划 S^F。
第 4 步：检查 S^F 中是否存在关键链断裂或非关键链溢出。如果是，则进入第二阶段；否则就结束进程

第二阶段重排：
第 5 步：从第一阶段重排计划 S^F 生成邻域解 S^N：对于每个非零接驳缓冲区，将接驳缓冲区减少一个单位，然后通过反向递归过程再次重排，最后得到更新的计划作为邻域解。所以在每个迭代步骤中，得到的邻域解之和等于非零接驳缓冲区的数量。
第 6 步：按项目长度递增排序邻域解方案。具有最短长度的第一个解计划（命名为 S^T）可以作为下一次迭代的初始解方案，转至步骤 7。
第 7 步：检查 S^T 中是否存在关键链断裂或非关键链溢出。如果是，则进入第 5 步；否则就结束这个过程

一、基于优先级规则和向后递归过程的第一阶段重排

为了消除资源冲突和优先级冲突，三种规则设置如下：

资源优先级规则 1（Resource Priority Rule 1，RPR1）：先左移关键链上的活动，即在分配资源时，关键链上的活动被赋予优先级［见图 3-6（a）］。由于在任何时候，这种重调度方案只会左移关键链上的一个活动，因此这类调整最简单但一定会导致关键链崩溃。

资源优先级规则 2（Resource Priority Rule 2，RPR2）：先左移一个非关键链上的活动［见图 3-6（b）］。与 RPR1 相比，该规则意味着资源首先用于满足非关键链上的活动。

资源优先级规则 3（Resource Priority Rule 1，RPR3）：首先左移冲突中需要资源量最少的活动［见图 3-6（c）］。

如图 3-6 所示，图 3-6（a）和图 3-6（b）中的左移活动需要比图 3-6（c）中更多的资源类型 C，导致与紧前活动资源的再次冲突。与图 3-6（a）和图 3-6（b）中的两个进度计划相比，图 3-6（c）中的进度计划避免了与紧前活动的二次资源冲突，从而缩短了项目长度。因此，使用 RPR3 进行重新调度可以在一定程度上避免与之前活动的二次资源冲突，但由于此种规则下，需要左移的活动可能位于关键链或非关键链中，因此调整后关键链断裂和非关键链溢出可能同时发生。

优先级优先规则（Precedence Priority Rule，PPR）：左移前序活动。

资源和优先级优先规则（Resource and Precedence Priority Rule，RP-PR）：当同时存在资源冲突和紧前关系冲突时，应首先消除紧前关系冲突。

基于优先级优先规则 PPR 和向后递归过程的第一阶段重排过程如下：对于缓冲计划 S^B，从项目结束时间 $t = T$ 开始计算时间（T 是项目含有缓冲区的调度计划的完成时间），并在每个时间点检查是否存在任何优先级或资源冲突。如果资源冲突和优先级冲突同时发生，则应首先依据 RPPR 解决优先级冲突。对于优先级冲突，找出此时哪些活动是并行的，并且违

反了优先级约束，然后将紧前活动向前移动，直到优先级冲突被消除；对于资源冲突，找出哪些活动是并行的，并且此时正在发生资源争夺，然后根据一个资源优先级规则将活动左移，直到资源冲突消除。一旦没有优先级或资源冲突发生，更新时间点 t = t − 1，再次检查是否存在任何资源或优先级冲突，以此类推，直到检查虚拟开始活动。

根据三种不同的资源优先级规则和其他优先规则，分别得到三种不同的重调度方案。然后在第一阶段重排中选择项目长度最短的方案作为最佳方案 S^F，作为第二阶段重排的基本方案。如果多个计划的项目长度最短，从中随机选择一个。

二、基于启发式算法的第二阶段重排

在第一阶段重排方案中，由于接驳缓冲区太大，可能会出现关键链断裂或非关键链溢出。赫罗埃伦和列乌斯（2001）指出，长度为非关键链长度一半的接驳缓冲区过度保护了关键链。范德冯德等（2006）通过大量模拟实验验证，在关键链项目调度中，过大的接驳缓冲区导致较低的完成率。因此，一个好的调度计划需要设置合理的接驳缓冲区。

为了避免接驳缓冲区过大导致非关键链溢出，刘等（Liu et al.，2006）提出了一种方法，将接驳缓冲区的大小设置为自由时差和 RSEM 的最小值。范德冯德等（2005）将接驳缓冲区的大小削减至非关键链的自由时差。然而，在一些大型项目中，由于非关键链中活动之间的复杂优先关系，很难准确计算自由时差。在这种情况下，第二阶段提出了一种减小接驳缓冲区大小的启发式算法来重新调度。

（一）生成邻域解

初始解决方案 S^F 为通过第一阶段重排的调度计划，并记录缓冲区大小列表 B。邻域解 S^N 是通过分别减少每个缓冲区的一个单位来生成的，因此邻域解的总和等于当前调度中接驳缓冲区的数量。新的解方案生成规则是：当缓冲区减少一个单位时，相应非关键链中活动的开始时间向后移动一个单位。为了防止复杂项目中的优先级冲突和资源冲突再次发生，使用第一阶段反向递归过程再次重排，最后得到更新后的调度作为邻域解。

（二）解的选择

在每个迭代步骤中，需要选择一个邻域解 S^N 作为下一个迭代步骤的初始解，选择标准是项目长度。当前邻域解 S^N 按项目长度的递增排序，并选择项目长度 S^T 最短的计划作为下一步的初始解。当两个解的长度相等时，选择接驳缓冲区更大的重调度方案。

（三）终止条件

检查计划 S^T 中是否存在关键链断裂或非关键链溢出。如果是，则继续迭代；否则，迭代将终止，并输出最终重排好的调度计划。

三、算法实例

对于第二节图 3 – 1 展示的帕特森例 1 （patterson_pat1）的实例，将采用以下步骤展示具体的缓冲插入和重排过程。

第 1 步：分支定界算法生成的基准计划如图 3 – 2 所示，将关键链作为主线调整后如图 3 – 9 所示。项目长度为 19，关键链为 0 – 1 – 9 – 10 – 11 – 12 – 13。然后将接驳缓冲区插入项目中，接驳缓冲区大小为对应的非关键链长度的一半（向上取整）。举例来说，非关键链 2 – 4 的长度为 4 + 1 = 5，5 的 50% 向上取整，得到 FB1 = 3。没有项目缓冲区的缓冲计划如图 3 – 10 所示。不难发现，在该缓冲计划中存在两个资源冲突：一个资源冲突发生在 $\Delta t1$ 期间，活动 1、活动 5 和活动 6 之间存在资源类型 1 的冲突，另一个资源冲突发生在 $\Delta t2$ 期间，活动 8 和活动 11 之间存在资源类型 2 的冲突。

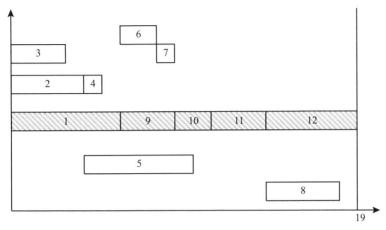

图 3－9　帕特森例 1 基础排程

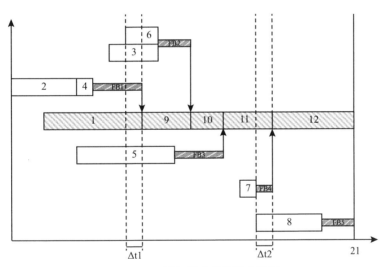

图 3－10　插入缓冲后的调度计划

　　第 2 步：为了消除上述两种资源冲突，基于向后递归过程和优先级规则，通过第一阶段重排算法对含有缓冲的调度计划进行重排。其中，使用 RPR1 的重排调度方案具有最短的项目工期，保留作为第一阶段重排计划（见图 3－11）。此计划没有资源或优先级冲突，但出现关键链断裂和非关键链溢出。

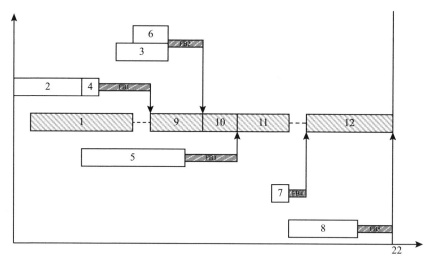

图 3 – 11　第一阶段重排后调度计划

第 3 步：图 3 – 12 中的第二阶段重排计划也是最终的两阶段重排方案，是通过使用启发式算法迭代减少接驳缓冲区大小来获得的。与图 3 – 11 中的时间表相比，图 3 – 12 中的 FB1、FB2、FB3 和 FB5 变少。

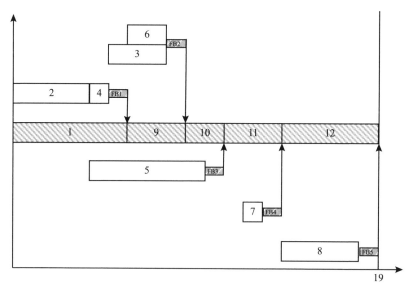

图 3 – 12　两阶段重排计划

第五节　实验设计

为了验证所提出的两阶段重排算法的可行性、有效性和适用性，本节通过 MATLAB 进行模拟仿真。利用著名的 Patterson 实例集（Patterson，1984）进行测试，该实例集包含 110 个项目（Patterson，1984），测试集源于 PSPLIB[①]。对于每个实例，根据项目执行策略执行 1000 次模拟，而每个实例的绩效指标的平均值是通过 1000 次模拟计算获得的。本节给出了实验设计，包括随机时间的生成、项目执行策略、绩效指标和模拟仿真步骤。

一、生成活动的随机持续时间

为表示活动时间的不确定性，设项目活动的时间都服从对数正态分布，期望值为网络图中给出的活动时间，在每次模拟项目执行时都按这种概率分布给活动随机时间，项目模拟执行 1000 次。设活动 i 的时间为 d_i，即对数正态分布的期望值，所对应的正态分布标准差为 σ，则所对应的正态分布时间期望值为：$u(i) = \ln(d_i) - \dfrac{\sigma^2}{2}$，用 MATLAB 模拟活动 i 的时间为：$\mathrm{lognrnd}[u(i),\ \sigma]$。为分析活动时间不确定性的影响，在仿真实验时，设置高、中、低三种活动时间不确定性大小，所对应的标准差 σ 分别为 0.3、0.6、0.9。参数设置见表 3 - 2。

---

① 项目调度问题库，http：//www.om - db.wi.tum.de/psplib/dataob.html。

表 3 – 2   仿真参数设置

参数	参数取值
活动平均工期（d_i）	帕特森案例中的项目活动工期 t
正态分布标准差（σ）	0.3、0.6 和 0.9
正态分布期望值（μ）	$\mu = \ln(d_i) - \sigma^2/2$
活动模拟工期	log nrnd(μ, σ)

二、项目执行策略

一般情况下，CCPM 在执行过程中，会采用"接力赛策略"（Goldratt，1997），即当所有前置任务都已完成且有足够的资源时，应尽快开始下一活动（没有虚拟前置任务的活动除外）（Herroelen and Leus，2001）。如果关键链活动和非关键链活动可以同时开始，则应首先开始关键链活动，该执行策略的目的是缩短项目实际工期。

三、绩效指标

在本章中，采用田和德穆勒梅斯特（2014）的论文中提到的项目平均长度（APL）和项目即时完工率（TPCP）作为衡量项目绩效的指标。项目平均长度是指在满足所有资源和优先约束的情况下整个项目的平均完成时间，而项目即时完工率是指在完工期限内完成项目的概率（期限选择在关键链长度的30%以上）。项目平均长度定义为 $APL = \dfrac{\sum_{k=1}^{N} S_{nk}}{N}$，而项目即时完工率定义为 $TPCP = P(S_{nk} \leqslant duedate)$，其中 S_{nk} 表示第 k 次仿真项目虚拟活动的开始时间，N 表示模拟运行的总数。项目平均长度越小，项目即时完工率越大，绩效越好。

四、模拟仿真步骤

遵循上述原则，对 110 个 Paterson 测试集中的每个实例进行如下模拟：

第 1 步：通过分支定界算法生成基准计划，随机识别一条关键链和相应的非关键链，使用缓冲方法（C&PM 或 RSEM）插入接驳缓冲区，获得缓冲计划。

第 2 步：如果缓冲调度计划中发生冲突，则根据向后递归过程和优先级规则，使用第一阶段排算法来对插入缓冲后的计划重排。否则，停止模拟。

第 3 步：如果出现关键链断裂或非关键链溢出，则使用基于启发式算法的第二阶段重排算法对第一阶段生成的计划进行重排。否则，停止模拟。

步骤 4：根据第一阶段重排和第二阶段重排，执行 1000 次模拟仿真，然后计算 1000 次模拟运行的 APL 和 TCPC。

第六节 实验结果分析

按照上述原则，对 110 个 Patterson 测试集中的每一个实例都进行模拟仿真。缓冲计划采用 C&PM 或 RSEM 计算缓冲区获得。本节首先验证了本章两阶段算法的可行性，然后对性能进行比较，来证明两阶段算法的有效性，最后分析了两阶段算法的适用性。

一、两阶段算法可行性分析

在本节中，将测试 110 个 Patterson 实例，来验证所提出的两阶段算法的可行性。首先，分析接驳缓冲区的插入引起资源和优先级冲突的次数。

然后，计算在选择三种不同的资源优先级规则时，出现关键链断裂和非关键链溢出新问题的次数。最后，计算所提出的两阶段算法可以解决的项目总数量。

（一）资源和紧前冲突分析

根据第五节中提到的模拟步骤，为每个实例生成 110 个基准计划和使用两种不同缓冲方法的缓冲计划，缓冲计划中出现冲突的次数见表 3 – 3。

表 3 – 3　　　　　　　　缓冲调度计划中出现冲突次数

方法	缓冲平均值	存在冲突的缓冲调度计划个数	插入缓冲后出现冲突数量		插入缓冲后平均冲突数量	
			资源冲突	紧前关系冲突	资源冲突	紧前关系冲突
C&PM	17.07	110	476	334	4.32	3.03
RSEM	22.98	110	502	401	4.56	3.64

在第一阶段重排中使用 C&PM 接驳缓冲方法的项目中，有 110 个缓冲调度计划存在冲突，一共 476 个资源冲突和 334 个优先级冲突。同时，基于 RSEM 方法，也有 110 个项目存在冲突，包括 502 个资源冲突和 401 个优先级冲突。

不难发现，在插入接驳缓冲区后，所有缓冲调度都存在冲突。此外，资源冲突多于紧前关系冲突。比较 C&PM 和 RSEM 的接驳缓冲区方法，RSEM 的平均资源冲突数和平均紧前关系冲突数都大于 C&PM 获得的平均资源冲突数和平均紧前关系冲突数。这可能是因为 RSEM 可以生成更大的缓冲区。可以得出结论：接驳缓冲区越大，缓冲调度中产生的冲突就越多。

（二）关键链断裂和非关键链溢出分析

对含有冲突的缓冲计划进行重排来消除冲突。每个缓冲调度通过反向递归过程,并结合三个资源优先级规则进行重新调度,从而产生三种不同的一阶段重排方案。在选择三种不同的资源优先级规则时,出现关键链断裂或非关键链溢出的次数见表 3 - 4。

表 3 - 4 采用不同 RPRs 出现关键链断裂和非关键链溢出次数对比

方法	产生关键链断裂或非关键链溢出次数	RPR1			RPR2			RPR3		
		关键链断裂	非关键链溢出	同时出现关键链断裂和非关键链溢出	关键链断裂	非关键链溢出	同时出现关键链断裂和非关键链溢出	关键链断裂	非关键链溢出	同时出现关键链断裂和非关键链溢出
C&PM	107	13	6	88	16	19	72	14	17	76
RSEM	110	13	5	92	16	12	82	15	10	85

使用 C&PM 的接驳缓冲方法,在 110 个有冲突的缓冲计划中,有 107 个计划出现了新的关键链断裂或非关键链溢出问题,包括 13 次关键链断裂,在选择 RPR1 来消除资源冲突时,出现 6 次非关键链溢出,88 次同时出现关键链断裂和非关键链溢出的问题。如果选择 RPR2 来消除资源冲突,则出现 16 次关键链断裂,19 次非关键链溢出,同时出现关键链故障和非关键链溢出为 72 次。如果选择 RPR3 来消除资源冲突,则出现次数分别为 14 次、17 次和 76 次。

采用 RSEM 接驳缓冲方法,110 个调度计划都遇到关键链中断或非关键链溢出的问题。如果选择 RPR1 消除资源冲突,则会发生 13 次关键链断裂,5 次非关键链溢出,同时发生关键链断裂和非关键链溢出 92 次。如果选择 RPR2 来消除资源冲突,则出现次数分别为 16 次、12 次和 82 次。如果选择 RPR3 来消除资源冲突,则出现次数分别为 15 次、10 次和 85 次。比较两种接驳缓冲方法,在选择 RPR 和 RSEM 缓冲方法时,关键链断裂和非关键链溢出的发生率都更高。

无论选择哪种资源优先级规则,都很容易同时出现关键链断裂和非关键链溢出的现象。此外，在比较这三种资源优先级规则时，可以发现RPR2更容易导致非关键链溢出，而RPR1容易同时导致关键链断裂和非关键链溢出。

（三）第一阶段重排后结果

在第一阶段重排过程中，选择项目工期最短的第一阶段重排方案作为最佳解决方案 S^F，并在第二阶段重排中作为基准计划（如果存在多个计划的项目长度最短，则随机选择一个作为基准计划）。表 3-5 的左半部分表示每个资源优先级规则在第一阶段被选择的次数。通过 C&PM 的接驳缓冲法，在 110 个有冲突的项目中，21 个项目选择 RPR1，95 个项目选择RPR2，58 个项目选择 RPR3（在某些项目中，可以应用多个资源优先级规则来获得相同长度的项目，因此项目数之和大于 110）。同时，利用RSEM 的接驳缓冲法，在第一阶段选择资源优先级规则作为最佳解决方案的次数与基于 C&PM 接驳缓冲的次数相似。对于这两种接驳缓冲法，RPR2 的使用次数最多。

表 3-5   第一阶段重排后结果

方法	资源优先规则被选择次数			出现次数			需要第二阶段重排项目数量	ARPLE（%）
	RPR1	RPR2	RPR3	关键链断裂	非关键链溢出	同时出现非关键链溢出和关键链断裂		
C&PM	21	95	58	17	22	68	107	23.14
RSEM	19	97	54	17	13	80	110	30.54

当选择了项目最短长度的第一阶段重排方案后，会发现关键链断裂或非关键链溢出。关键链断裂或非关键链溢出发生的次数见表 3-5。采用 C&PM 接驳缓冲区方法，在第一阶段重排结束时，会出现 17 次关键链断裂，22 次非关键链溢出，关键链断裂和非关键链溢出同时出现为 68

次。因此，在第二阶段重排，有 107 个第一阶段重排计划需要通过启发式算法进行二次重排，其中项目长度相对关键链长度延伸的比值（ARPLE）是 23.14%。ARPLE 公式为 $ARPLE = \dfrac{PL_{first-stage\ rescheduling\ schedule} - PL_{critical\ chain}}{PL_{critical\ chain}}$，其中 $PL_{critical\ chain}$ 是基准计划中关键链的长度，$PL_{first-stage\ rescheduling\ schedule}$ 是第一阶段重排计划的长度。在 RSEM 的第一阶段重排计划中，有 17 次关键链断裂，13 次非关键链溢出，同时出现关键链断裂和非关键链溢出 80 次。因此，有 110 个第一阶段重排方案需要在第二阶段采用启发式算法进行二次重排，ARPLE 为 30.54%。

对于这两种接驳缓冲法，很容易得出结论：大多数情况下会同时出现关键链断裂和非关键链溢出现象，几乎所有项目都需要在第二阶段进行重排。此外，RSEM 的接驳缓冲法的 ARPLE 值大于 C&PM 的接驳缓冲法的 ARPLE 值，这可能是因为 RSEM 的平均接驳缓冲区大于 C&PM 的平均接驳缓冲区，引起更多冲突。

（四）第二阶段重排结果

表 3-6 显示，在上述 107 个项目中，有 86 个项目可以通过在 C&PM 插入接驳缓冲的两阶段算法来解决，从而生成更好的重排方案。与 C&PM 的接驳缓冲法相比，采用 RSEM 插入接驳缓冲的两阶段算法得到的结果非常相似：在 110 个项目中，也有 86 个项目可以通过两阶段算法得到解决。证明了所提出的两阶段算法对大多数项目是可行的。

表 3-6　　通过两阶段算法求解项目数量及项目长度缩短比例

缓冲插入方法	两阶段算法求解项目的数量	RPPL（%）			
		Min	Ave	Max	SD
C&PM	86	2.03	16.18	34.78	7.99
RSEM	86	5.66	21.87	35.44	6.64

采用基于 C&PM 缓冲的两阶段重排算法中，86 个项目 RPPL 值的最小、平均、最大和标准偏差分别为 2.03%、16.18%、34.78%、7.99%。RPPL 表示项目计划长度缩短比例：

$$RPPL = \frac{PPL_{\text{first}-\text{stage rescheduling schedule}} - PPL_{\text{two}-\text{stage rescheduling schedule}}}{PPL_{\text{first}-\text{stage rescheduling schedule}}}$$

其中，$PPL_{\text{first}-\text{stage rescheduling schedule}}$ 表示 C&PM 或 RSEM 在第一阶段重排中得到进度计划的项目长度，$PPL_{\text{two}-\text{stage rescheduling schedule}}$ 表示通过两阶段算法得到进度计划的项目长度。

与 C&PM 相比，插入 RSEM 缓冲的两阶段算法可以解决 86 个项目出现的关键链断裂和非关键链溢出问题，RPPL 的最小、平均、最大和标准偏差分别为 5.66%、21.87%、35.44%、6.64%。可以明显地发现，插入 RSEM 缓冲的两阶段算法的项目的 RPPL 值更大，这可能是因为它具有更大的 ARPLE 值。

二、两阶段算法有效性

为了验证两阶段重调度方法的有效性，分别采用 C&PM 或 RSEM 缓冲法对 86 个项目进行了 1000 次模拟运行。下文展示了三种不同活动持续时间变动水平的仿真绩效指标。

（一）APL and TPCP 绩效分析

表 3 - 7 显示了第一阶段重排和两阶段重排算法的 APL 和 TPCP 对比。仿真结果表明，所提出的两阶段重排的 APL 和 TPCP 都有较好的性能。随着变异参数 σ 的增加，APL 增加，而 TPCP 减少。比较 C&PM 和 RSEM 的接驳缓冲方法，APL 和 TPCP 的结果非常相似。

对于两种接驳缓冲方法，除了 APL 的个别最小值外，两阶段算法得到的 APL 的最小值、平均值、最大值和标准偏差都小于第一阶段重排得到的 APL 对应值。两阶段方法获得的平均 TPCP 比第一阶段重排高出约 3%，

表3-7　两阶段重排算法得到的 APL 与 TPCP 对比

方法	σ	APL								TPCP (%)							
		第一次重排				两阶段重排				第一次重排				两阶段重排			
		Min	Ave	Max	SD	Min	Ave	Max	SD	Min	Ave	Max	SD	Min	Ave	Max	SD
C&PM	σ=0.3	7.82	44.57	104.28	16.95	7.85	43.96	96.69	16.49	9.1	83.62	100	17.90	37.50	87.67	100.00	12.63
	σ=0.6	8.30	46.37	106.75	17.51	8.25	45.82	100.83	17.27	22.0	66.95	98.3	13.39	38.60	69.60	98.00	11.03
	σ=0.9	9.08	49.24	112.92	18.69	9.72	48.76	109.51	18.55	26.3	58.20	93.7	11.13	30.70	60.14	89.60	9.50
RSEM	σ=0.3	7.81	44.96	103.74	17.09	7.79	44.30	96.37	16.69	6.8	83.22	100	17.98	39.20	87.84	100.00	12.42
	σ=0.6	8.27	46.73	105.87	17.72	8.19	46.19	101.66	17.54	18.6	67.07	98.9	13.94	40.10	70.06	98.50	11.12
	σ=0.9	9.40	49.61	110.30	18.78	9.07	49.11	109.55	18.89	25.30	58.31	92.3	11.36	28.00	60.34	94.10	10.15

最小和最大 TPCP 也更高，尤其是对于 TPCP 的最小值，当 σ = 0.3 时，TPCP 的最小值高出约 30%。两阶段算法得到的 TPCP 标准偏差小于第一阶段重排得到的 TPCP 标准偏差。

其中，对于 Patterson_pat1 的实例，根据第一阶段重排计划和两阶段重排计划，1000 次模拟运行的 APL 和 TPCP 结果见表 3 - 8，包括第一阶段重排计划（第 2 列和第 4 列）和两阶段重新安排计划（第 3 列和第 5 列）。无论如何变化，两阶段重调度计划的 APL 始终小于第一阶段重调度计划的 APL，而两阶段重排计划的 TPCP 始终大于第一阶段重排计划的 TPCP。通过两阶段重排算法，APL 和 TPCP 都能获得更好的性能。

表 3 - 8 两阶段重排绩效对比

参数 σ	APL		TPCP （%）	
	第一阶段重排	第二阶段重排	第一阶段重排	第二阶段重排
σ = 0.3	23.424	22.915	85.9	87.3
σ = 0.6	24.972	24.557	67.7	70.1
σ = 0.9	27.632	27.032	56.8	61.3

（二）绩效指标分析

为了更好地对比插入 C&PM 和 RSEM 缓冲的两阶段算法，提出以下四个额外的绩效指标：

（1）更短项目工期的项目数量（NPS_APL）：计算更短 APL 的项目数量，NPS_APL 定义为 $NPS\_APL = \sum_{i=1}^{M} F_i$，$F_i = \begin{cases} 1, & if\ APL_{i\_two-stage\ Approach} \leqslant APL_{i\_first-stage\ rescheduling} \\ 0, & otherwise \end{cases}$。

（2）更大 TPCP 项目的数量（NPL_TPCP）：计算更大 TPCP 值的项目数

量。NPL_TPCP 定义为 $NPL\_TPCP = \sum_{i=1}^{M} C_i$ ，$C_i = \begin{cases} 1, & \text{if } TPCP_{i\_two-stage\ scheduling} \geqslant \\ & TPCP_{i\_first-stage\ scheduling} \\ 0, & \text{otherwise} \end{cases}$ 。

（3）减少的 APL（RAPL）：在 APL 较小的项目中，两阶段重排算法降低了 APL 的百分比。RAPL 定义为 $RAPL = \dfrac{APL_{first-satge\ rescheduling} - APL_{two-stage\ rescheduling}}{APL_{first-stage\ rescheduling}}$ 。

（4）增大的 TPCP（ITPCP）：在 TPCP 较大的项目中，TPCP 的增加是通过两阶段重排方法实现的。ITPCP 定义为：$ITPCP = TPCP_{two-stage\ Approach} - TPCP_{first-stage\ rescheduling}$ 。

在上述公式中，M 表示通过两阶段算法能解决关键链断裂和非关键链溢出问题的项目数。在模拟仿真中，使用 C&PM 方法的 M 值为 86，表示有 86 个项目可以通过两阶段算法来解决 C&PM 接驳缓冲的问题。同样地，采用 RSEM 方法的 M 值也为 86，$APL_{first-stage\ rescheduling}$ 表示根据第一阶段重排计划 S^F 所获得的平均项目长度，$APL_{two-stage\ Appraoch}$ 表示根据两阶段算法重排计划 S^T 所获得的平均项目长度。$TPCP_{first-stage\ rescheduling}$ 表示根据第一阶段重排计划 S^F 仿真执行所获得的即时项目完成概率，而 $TPCP_{two-stage\ Appraoch}$ 表示两阶段算法重排计划 S^T 仿真执行所获得的项目及时完工率。

表 3-9 总结了四个额外的绩效指标。项目仿真执行结果表明，与第一阶段重排计划（NPS_APL&NPL_TPCP）相比，所提出的两阶段算法可以在超过一半的项目中获得更好的性能。

随着不确定性参数 σ 的增加，RAPL 和 RTPCP 均降低。比较 C&PM 和 RSEM 的接驳缓冲法，RSEM 的结果优于 C&PM 的结果。

对于两种接驳缓冲法，RAPL 的结果表明，采用两阶段算法，APL 降低了 2.56% 以上，RAPL 的最大值超过 10%，TPCP 大幅增加，甚至超过 4.3%（RTPCP）。特别是当变异参数很小时，平均 TPCP 增加超过 8%，最大 RTPCP 增加超过 61%。

综上所述，以上六个绩效指标的仿真结果表明，所提出的两阶段重调度算法在大多数项目中是有效的，能够生成性能良好的关键链重排调度方案。

表 3 - 9　　　　　　　　两阶段算法得到四个额外绩效指标结果对比

方法	σ	NPS_APL	NPL_TPCP	RAPL（%）				RTPCP（%）			
				Min	Ave	Max	SD	Min	Ave	Max	SD
C&PM	σ = 0.3	49	51	0.01	3.12	14.88	3.57	0.10	8.69	61.20	14.42
	σ = 0.6	50	50	0.06	2.72	12.94	2.95	0.30	6.08	40.70	8.07
	σ = 0.9	52	55	0.00	2.56	11.87	2.68	0.10	4.30	29.00	5.08
RSEM	σ = 0.3	59	53	0.00	2.76	15.30	3.22	0.20	9.22	68.40	14.41
	σ = 0.6	52	51	0.01	2.81	13.19	2.75	0.10	6.92	45.80	8.68
	σ = 0.9	53	58	0.18	2.81	10.66	2.28	0.10	4.38	28.50	4.93

三、两阶段算法适应性说明

通过上一节的模拟仿真，可以发现大多数项目可以通过两阶段重新算法重新安排调度计划，同时能获得更好的绩效。然而，仍然存在一些项目，本章设计的算法无法消除关键链断裂或非关键链溢出的现象。这是因为基准计划中的非关键链上活动的自由时差之和为零。通常，零自由时差是由资源冲突或较长非关键链引起的。下面将用一个帕特森例 7（patterson_pat7）来解释这种情况。

图 3 - 13 显示了 Patterson_pat7 的网络，该网络来自 110 个 Patterson 实例集，由 7 个活动和 2 个虚拟活动组成，资源可用量为 5。图 3 - 14 为实例 Patterson_pat7 的基准计划的甘特图和资源配置，矩形中的数字代表活动编号。如图 3 - 14（a）所示，关键链为 1 - 5 - 6，而活动 2 为非关键链。因为活动 2 的自由时差为零，所以不能在项目中插入任何缓冲区。否则，会导致非关键链比关键链更早开始（非关键链溢出）。另一个非关键链由活动 3、活动 4 和活动 7 组成，其开始时间晚于关键链，关键链应插入一定长度的缓冲区。然而，如图 3 - 14（b）所示，这些活动的左移都将导致资源冲突或非关键链溢出。因此，这个非关键链的自由浮动也为 0，这意味着链中不能插入任何活动，也不能插入缓冲区。也就是说，该实例

的缓冲区大小为 0，导致所提出的两阶段算法无法解决该实例。

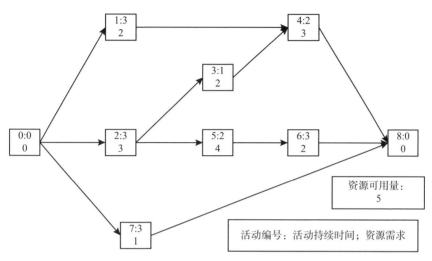

图 3 – 13　Patterson_pat7 项目案例

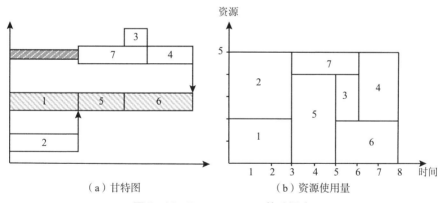

（a）甘特图　　　　　　（b）资源使用量

图 3 – 14　Patterson_pat7 基础调度

　　总之，基准计划中非关键链的长度以及资源使用情况对两阶段算法的适用性有影响。在进一步的研究中，可以考虑使用分散的缓冲区来获得合理的调度计划。

第七节 本章小结

现有关键链项目管理的研究侧重于关键链识别和项目缓冲区大小的设置，忽略了在项目中插入缓冲区时会出现新的问题。在插入接驳缓冲区后，经常会出现资源冲突、优先级冲突、关键链断裂或非关键链溢出等问题，这些问题对关键链调度的可行性产生重要影响。

为了解决这些问题，本章提出了一种插入缓冲的两阶段重调度方法。在第一阶段中，提出了三个资源优先级规则，并采用向后递推的方法进行第一阶段重排来解决优先级和资源的冲突。在第二阶段，设计了一种启发式算法，通过缩小缓冲区大小的方式进行重排，以解决关键链断裂或非关键链溢出问题。实验结果表明：（1）在初始基准调度中插入缓冲区后，大多数项目都存在资源冲突或优先级冲突。C&PM 和 RSEM 的接驳缓冲区对比发现，接驳缓冲区越大，缓冲引起的冲突就越多。（2）在消除资源冲突和优先级冲突时，可能会出现关键链断裂、非关键链溢出、关键链断裂和非关键链溢出同时存在等问题。在这三个问题中，关键链断裂和非关键链溢出经常同时发生。（3）第一阶段三种资源优先级规则中，RPR2 选择最多。（4）基于 110 个 Patterson 实例的仿真结果表明，所提出的两阶段算法在大多数项目中能生成性能良好的重调度方案，尤其是 TPCP 性能更好。（5）RSEM 和 C&PM 接驳缓冲方法相比，本章提出的两阶段算法提高 C&PM 的性能更为显著，主要是因为 RSEM 具有更大的接驳缓冲区，导致更多的冲突和更大的 ARPLE。

总之，提出的两阶段关键链重排算法是解决关键链断裂和非关键链溢出问题的一种可行、有效且适用的方法，并在大多数项目中产生了更好的重调度方案。此外，所提出的两阶段方法可以与不同类型的缓冲方法相结合。

第四章

基于 STC 分散缓冲的
鲁棒项目调度

第一节 引 言

　　分散缓冲法是将缓冲分散插入活动之间，并在执行时按"时刻表"策略进行，各活动不得早于计划的开始时间开工，从而保证了项目各活动按计划进行，因而其解鲁棒性较好。范德冯德等（2008）对多种分散缓冲法［包括 STC（starting time criticality）、VADE（virtual activityduration extension）、RFDFF（resource flow dependentfloat factor）和禁忌搜索方法］进行对比研究发现，STC 是较好的分散缓冲法。本章在 STC 分散缓冲方法的基础上，选用项目管理库（PSPLIB）中的特定项目，制订鲁棒项目调度基准计划。

　　项目调度的鲁棒性分为质量鲁棒性和解鲁棒性，又称完工鲁棒性和计划鲁棒性。现阶段鲁棒项目调度研究大多考虑了其中一种鲁棒性，阿尔－法赞和瓦哈里（2005）、阿巴西等（Abbasi et al.，2006）曾研究双目标鲁棒项目调度问题，他们选的两个调度目标都是计划完工期（makespan）最小化和活动自由时差（free slacks）最大化。计划完工期最小化是为了项目调度能获得一个最短的完工期，而自由时差最大化是为了防止项目执行过程中因出现不确定性因素导致项目延迟，认为自由时差越大，项目按期完工的概率越大。他们所运用的禁忌搜索与模拟退火算法能够有效地解决双目标项目调度问题，具有较好的稳定性，运算过程能得到大量可行解，保证了对最优解的搜索。但是，他们考虑的两种目标实际上都是为了保证完工时间，即都只涉及了完工鲁棒性，而没有考虑到计划执行的稳定性，即计划鲁棒性。

在实际的项目管理中，管理者希望项目工期越短越好，按期完工率越高越好；同时，又希望项目按计划执行，即保持计划的稳定性。也就是要求项目计划同时具有好的计划鲁棒性和完工鲁棒性。本章基于阿尔－法赞和瓦哈里（2005）和范德冯德等（2008）的研究成果，同时考虑完工鲁棒性和计划鲁棒性的双目标鲁棒项目调度问题。在介绍 STC 算法的基础上，用 stc 指标替代传统的计划鲁棒性指标，构建双目标调度模型，旨在在给定的管理者偏好下得到合理的项目计划。在求解模型时，考虑到模拟退火算法和禁忌搜索算法各自的优缺点，设计了二阶段的智能算法。最后通过具体的项目案例来验证该算法的有效性，并与单智能算法相比较，说明该方法可得到双鲁棒性更优的项目计划。

第二节 基于分散缓冲的鲁棒调度计划

STC 法兼顾了活动权重、活动时间变动及资源分配，以往文献的实验结果显示 STC 方法较其他分散缓冲的解鲁棒性最优且计算机实现性较好，被证明是一种比较好的分散缓冲法（Van de Vonder et al.，2008），其主要思想是计算各个活动的开始时间关键度，通过反复迭代来确定缓冲插入的位置。活动 j 的开始时间关键度 $stc(j)$ 定义为：

$$stc(j) = P[S(j) > s(j)] \times w_j = r_j \times w_j \qquad (4.1)$$

r_j 表示活动 j 未能在其计划开始时间开工的可能性；w_j 表示活动 j 偏

离其计划开始时间时，每单位偏离时间所引起的成本，包括因计划变更产生的各种管理费用和协调费用、项目误工的惩罚成本等。其中：

$$r_j = \sum_{(i,j) \in T(A \cup R)} P[\,d_i > s_j - s_i - LPL(i, j)\,] \qquad (4.2)$$

s 为活动计划开始时间，d 为活动工期；LPL(i, j) 表示项目网络中活动 i 到 j 的最长路径时间，该网络包括项目活动网络和资源流网络 G∪G′。当各活动工期 d_i 的分布已知，产生了基准调度计划时，就可以计算 LPL 和活动 j 的 r_j，进而可计算 stc(j)。STC 法优先在延迟开工风险（stc）高的活动前插入缓冲，其算法的步骤为：

（1）以尽可能短的项目工期为目标，生成一个项目基准调度计划（Baseline Scheduling，BS），并据此确定项目工期 δn。

（2）计算所有活动的 stc(j)，并将活动按 stc(j) 的大小降序排列。

（3）在 stc(j) 最大的活动前插入一单位时间缓冲，同时将活动 j 及其后续活动的开始时间都推迟 1 单位时间，得到 1 更新计划。

（4）计算该更新计划的完工期 Sn 和鲁棒性成本 $\sum_{j \in N} stc(j)$。

（5）如果该更新计划的工期不超过项目完工期限 δn，即 Sn≤δn，并且鲁棒性成本较原计划更低时，那么该更新计划可行，并将之作为下一次迭代的初始计划，转步骤（2）。否则，转步骤（6）。

（6）去掉在活动 j 前插入的 1 单位时间缓冲，更新活动 j 及其后续活动的开始时间。

（7）在序列中选 stc(j) 次大的活动，若 stc(j) = 0，算法终止，输出一个鲁棒性调度计划。否则，在该活动前插入 1 单位时间缓冲，更新该活动及其后续活动的开始时间，得到 1 更新计划。转步骤（4）。

由于该方法考虑到了项目中各活动时间分布、活动权重、资源流网络及项目的完工期限，因此在用该方法前首先要确认一些相关参数，用以计算每个活动的 stc。针对帕特森例 1（patterson_pat1），假设各活动的权重 w 分别为（3、5、4、7、1、6、3、4、2、4、6、8、50）；活动时间存在不确定性，服从一定的概率分布，设每个活动都服从对数正态分布，期望值分别为网络中给出的活动时间，所对应的正态分布标准差代表了活动时间不确定性大小，设值为0.3。

另外，基准调度计划最短项目时间为19，假设项目期限为25，时间差25 − 19 = 6作为"预缓冲"在STC迭代时将分散到各项目活动前。运用德布拉雷等（Deblaere et al., 2007）所提MABO方法求得资源流网络进而得到项目网络，如图4 − 1所示，图中实线为项目活动网络，虚线为资源流。得到相关参数后，用MATLAB程序模拟STC迭代，得到项目期限为25的分散缓冲调度计划，如图4 − 2所示，其中的LPL参数采用改进的迪克斯特拉（Dijkstra）算法求两点间的最长路径得到。

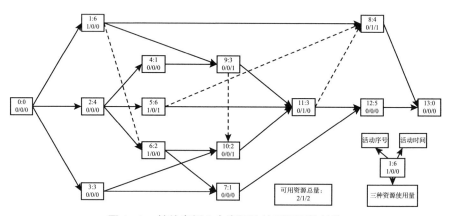

图4 − 1　帕特森例1含资源流的项目网络结构

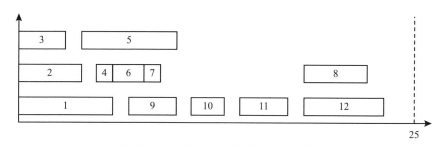

图4 − 2　基于STC分散缓冲的调度计划

第三节　基于分散缓冲的双目标鲁棒调度问题

一、stc 替代指标

STC 法是一种比较好的保证计划鲁棒性的调度方法（Van de Vonder et al.，2008），其主要思想是在项目活动之间插入时间缓冲，来应对不确定性因素对项目按计划执行的影响，所以它是一种分散缓冲法。STC 法定义了解鲁棒性成本指标 stc，来表示各活动实际开始时间超过其计划开始时间的危险程度。stc 值的计算也是该方法的难点，计算方式如式（4.1）和式（4.2）所示。具体的步骤为：

（1）由项目网络 G 和各活动工期 d_i 可生成基准调度计划，得到各活动的开始时间 s_i。

（2）查找该计划中的资源流网络 G'，将该网络并入原始项目网络 $G \cup G'$，根据新网络用迪克斯特拉算法（Dijkstra）得到各活动两两之间的最长距离 LPL。

（3）确定项目中各活动的概率分布，概率分布以活动原始时间 d_i 为期望值。

（4）由式（3.2）计算 r_j，最终由式（3.1）得到各活动的 stc(j)。

由上述可知，STC 方法的指标兼顾了计划中的活动权重、活动时间变动、资源分配以及活动间前后关系等项目特征，是一种较合理的项目计划鲁棒性的指标。传统解鲁棒性评价指标 $SC = \sum w_i |S_i - s_i|$，是由活动的实际开始时刻偏离计划开始时刻计算的，在项目计划未执行时，则可由 stc 指标替代。

二、基于 STC 的双鲁棒性目标函数

下面以项目管理库（PSPLIB）中的帕特森例 1（patterson_pat1）为例，以本章第二节所介绍的 STC 计划建立步骤，观察用 stc 指标所制定项目调度的完工鲁棒性与计划鲁棒性变化情况。该项目的工期最短基础排程计划如图 3-2 所示，各活动的开始时间为 [0，0，0，4，4，6，8，14，6，9，11，14，19]。仍假设各活动的时间都服从对数正态分布，期望值分别为网络中给出的活动时间，所对应的正态分布标准差 σ 为 0.3。各实体活动的权重 w 见表 4-1。

表 4-1 活动权重

活动 i	1	2	3	4	5	6	7	8	9	10	11	12
权重 w_i	3	5	4	7	1	6	3	4	2	4	6	8

不考虑虚拟活动的权重，基于图 3-2 中的项目最短工期项目计划（即 19），设定项目完工期限分别为 25 和 30 时，使用 STC 法制订鲁棒性调度计划，如图 4-3、图 4-4 所示。

图 4-3 的 STC 计划中项目工期为 25，鲁棒性总成本 $\sum_{j \in N} stc(j)$ 为 6.223；图 4-4 的 STC 计划项目工期为 30，$\sum_{j \in N} stc(j)$ 变为 1.567。可见工期较短虽然意味着完工鲁棒性较好，但计划鲁棒性较差；工期较长表示完工鲁棒性变差，但因计划内分散缓冲较多，使得计划稳定性成本变小，计划鲁棒性指标变好。综上所述，工期与 $\sum_{j \in N} stc(j)$ 分别为完工鲁棒性指标与计划鲁棒性指标，由于计划内部分散缓冲的大小与分布不同，导致了项目的两种鲁棒性呈此消彼长的趋势。

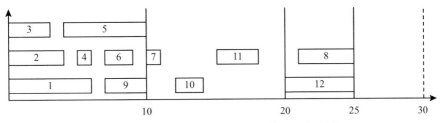

图 4 - 3　项目工期为 25 时的鲁棒性调度计划

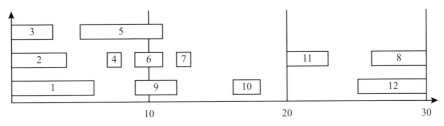

图 4 - 4　项目工期为 30 时的鲁棒性调度计划

这种情况下，如何权衡完工鲁棒性和计划鲁棒性以得到合理的鲁棒性计划，与项目管理者的偏好有关。为此，设完工鲁棒性的权重为 $\lambda \in (0, 1)$，代表项目管理者的完工偏好；$1 - \lambda$ 就为计划鲁棒性偏好。构建双目标鲁棒性调度的目标函数如下：

$$\min Z_{\lambda}(S) = \lambda Z_C(S) + (1 - \lambda) Z_P(S) \tag{4.3}$$

S 为项目的鲁棒性调度计划，$Z_C(S)$ 代表完工鲁棒性，$Z_P(S)$ 代表计划鲁棒性，$Z_{\lambda}(S)$ 为总的鲁棒性成本。完工鲁棒性用计划完工期 S_n 表示，计划鲁棒性用指标 $\sum_{j \in N} stc(j)$ 表示。算法目标就是在给定的完工期限和管理者偏好下找出总鲁棒性最优的调度计划。

第四节　双目标鲁棒调度计划求解算法

模拟退火算法和禁忌搜索算法基于不同的原理，但都是对局部领域搜索的一种扩展，能够进行全局逐步寻优，搜索过程可以接受劣解有较强的爬山能力。其中，模拟退火算法受初始解影响较小，其初值鲁棒性强，但优化过程较长（Boctor，1996；Bouleimen and Lecocq，1998；Bouleimen and Lecocq，2003）；而禁忌搜索算法则对初始解有较强的依赖性，好的初始解有助于搜索很快地达到最优解，而较差的初始解使搜索很难或不能够达到最优解（Baar and Brucker，1997；田贵超等，2006；高海昌等，2006；徐海涛，2009）。

考虑到模拟退火算法与禁忌搜索算法的优缺点，本节建立两阶段算法求解该双目标规划。由于模拟退火算法不受初始解的影响，因此一阶段算法，首先基于 STC 流程用模拟退火算法进行简单的搜索得到一个近优解；第二阶段禁忌搜索算法将模拟退火算法所得到的近优解作为初始解，作进一步搜索。该方法既避免了模拟退火算法较长时间的搜索，又可为禁忌搜索算法找到一个较优的初始值。

具体搜索过程中，两种算法采用了不同的新解产生方式，接下来分别介绍两个阶段的算法求解要素及流程。

一、一阶段模拟退火算法

模拟退火算法由初始解和初值温度 t 开始，对当前温度重复"产生新解→计算目标函数差→接受或舍弃"的迭代，并逐步衰减 t 值。其中本书新解产生方法及相关参数设置如下：

（一）新解的产生

将模拟退火算法的解用虚拟完工期限 S_n 表示（$S_n \leqslant \delta_n$）。虚拟完工期限确定后，由上一节所介绍的 STC 算法可得到项目计划各活动的开始时间列表 S，进一步计算项目计划的完工时间 $Z_C(S)$ 和 stc 指标 $Z_p(S)$，最终得到该计划总的鲁棒性成本 $Z_\lambda(S)$，即为该解所对应的目标函数值。

算法开始时以基础排程计划的完工时间代表初始解 S_n^0，模拟退火算法通常由当前解经过简单的变换产生新解，这里以 $Sn' = Sn + \lfloor \xi \delta n \rfloor$ 作为新解的计算公式，其中 ξ 为随机扰动变量，服从 $[-0.5, 0.5]$ 的均匀分布。

（二）新解是否被接受

得到新解后首先计算当前解与新解所对应的目标函数差 $\Delta Z' = Z(Sn') - Z(Sn)$。若 $\Delta Z' < 0$ 则接受作为新的当前解，否则若 $\exp(-\Delta Z'/T) > random(0, 1)$，接受 Sn' 作为新的当前解 Sn。当两种条件都不符合时，新解被判定为舍弃，则原当前解继续下一轮迭代。

（三）温度参数设置

退火算法的控制参数包括温度初值 T_0、每个 T 值时的迭代次数 L 和停止条件。传统 SA 中初始温度 T_0 应该足够大，每个温度下设有大量的迭代次数 L，以便有较大机率获得高质量解。降温的公式设为 $T_{i+1} = C \cdot T_i$，$C \in (0, 1)$。但过高的初始温度和大量的迭代次数会造成算法优化时间过长。

而本书是将 SA 作为第一阶段算法，目的是得到一近优解作为禁忌搜索的初始解且解的形式较简单，因此可缩短搜索时限。设置初温 $T_0 = 10$，作为终止条件的最低温度 $T_f = 1$，降温的公式 $T_{i+1} = C \times T_i$ 中的 $C = 0.95$，每个温度 T 迭代的次数为 $L = 20$。

（四）终止准则

以最低温度作为终止的条件，当 $T \leqslant T_f$ 时，终止迭代。

（五）求解流程如图 4-5 所示，具体步骤如下（李深，2007）

（1）初始化：初始温度 T_0（充分大），终止温度 T_f，初始解 Sn^0（是算法迭代的起点），每个 T 值处的迭代次数为 L。

（2）迭代开始，对 $k = 1, \cdots, L$ 做第（3）至第（6）步。

（3）产生新解 Sn′。

（4）计算增量 $\Delta Z' = Z(Sn') - Z(Sn)$，其中 $Z(Sn)$ 为目标函数。

（5）若 $\Delta Z' < 0$ 则接受 Sn′作为新的当前解，或以概率 $\exp(-\Delta Z'/T)$ 同样接受新解为当前解。否则原当前解继续作为当前解。

（6）如果满足终止条件则输出当前解作为最优解，结束程序。

（7）如不满足终止条件，则温度逐渐减少 $T_{i+1} = C \times T_i$，$C \in (0, 1)$ 然后转第（2）步。

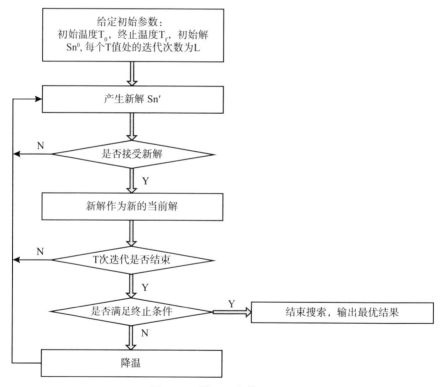

图 4－5　模拟退火算法流程

二、二阶段禁忌搜索算法

以模拟退火算法得到的最优解所对应的项目计划开始，用禁忌算法作进一步搜索，解产生方法及相关参数设置如下：

（一）邻域解的产生及候选解的确定

禁忌搜索的初始解为计划中各活动的开始时间列表 S^0，并记录该计划中各活动前的缓冲大小列表 B。邻域解由当前项目计划中各个活动缓冲大小增加或减少 1 单位产生，即项目中的每个活动理论上都产生两个邻域解，每个初始解 S^0 有 $2 \times (n-1)$ 个邻域解。但会出现一些特殊情况，如某个活动的缓冲大小为 0 无法减少，或是某活动增加缓冲大小后，新的计划完工时间超出规定期限 δn。因此在改变缓冲大小时，新解产生规则为：缓冲大小为 0 的活动，其减少缓冲的邻域解不成立；对于缓冲大于 0 的活动，其缓冲减少 1 单位时，该活动开始时间前移 1 单位，同时所有在 $G \cup G'$ 中与该活动有直接或间接关系的后续活动都前移 1 单位开始时间，得到 1 更新计划 S 为一邻域解；同理，当缓冲增加 1 单位时，该活动开始时间推迟一单位，所有在 $G \cup G'$ 中与该活动有直接或间接关系的后续活动都推迟 1 单位开始时间，得到 1 更新计划，如果新的计划 S 完工时间不超过规定时间 δn，则该邻域解成立。

（二）解的选择策略

每次迭代需要在当前的邻域解中选择一个解作为下一次迭代的初始解，选择标准为总的鲁棒性成本 $Z_\lambda(S)$。先计算每个邻域解计划的完工鲁棒性指标 $Z_c(S)$ 和计划鲁棒性指标 $Z_P(S)$，进一步得到总的鲁棒性成本 $Z_\lambda(S)$。取最小总鲁棒性成本对应的调度计划为下次迭代的初始解。

（三）禁忌表及藐视准则

为避免重复搜索，构造一个禁忌表（tabu list），以存放刚刚选择过的邻域解的移动，这些移动被称作禁忌移动（tabu move）。TL 即为禁忌长度，对于当前迭代所选择的解，在以后的 TL 次迭代内被禁止选择以避免陷入局部搜索，TL 次以后释放该移动，因此禁忌表始终保存着 TL 个移动。本书取 $TL = \lfloor \sqrt{n} \rfloor$。

貌视准则的设置是为避免遗失优良移动，激励对优良状态的进一步局部搜索所设置的。假设某次邻域移动所得解优于迄今为止所得的最优解，则即使该移动存在于禁忌表中仍被接受为下一步迭代的初始解，即为貌视禁忌表的准则。

（四）终止准则

本章算法中，当迭代一定步骤时没有更优的解出现，则终止迭代，选取迭代中最优的候选解作为最优解。

（五）具体步骤如图 4 – 6 所示（李深，2007）

（1）给定禁忌长度 T，确定初始解 S^0。

（2）判断算法是否满足终止条件。若是，则结束算法并输出最优结果；否则，继续以下步骤。

（3）利用当前解产生其所有（或若干）邻域解，并从中确定若干候选解。

（4）对当前的候选解从优到劣排序，排序后判断第一个解 y 是否优于之前迭代所产生的最优解 x，即看貌视准则是否成立，若成立，则 y 成为新的当前解，y 对应的禁忌对象替换最早进入禁忌表的禁忌对象元素。同时用 y 替换 x 成为新的最优解（best so far），然后转步骤（6）；否则，继续以下步骤。

（5）判断候选解对应的对象是否在禁忌表中，选择不在禁忌表中的最佳候选解集为新的当前解，同时用与之对应的禁忌对象替换最早进入禁忌表的禁忌对象元素。

（6）转步骤（2）。

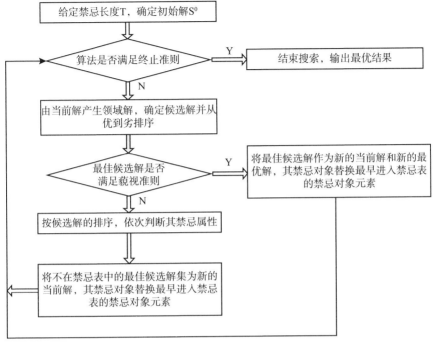

图 4 - 6　禁忌搜索算法流程

■ 第五节　实 验 分 析

一、两阶段智能算法计算结果

利用帕特森例 1 和表 4 - 1 给出的相关数据，给定不同的鲁棒性偏好参数 λ，由本章所提算法得到运算结果，如表 4 - 2 所示，其中 S0、S1、…、S10 分别表示特定参数 λ 所对应的双目标鲁棒性调度计划近优解。

表 4 – 2   本书 SA – TS 算法的运算结果

鲁棒性偏好 λ	总鲁棒性成本 Z	完工鲁棒性 Zc	计划鲁棒性 Zp	鲁棒性计划													
				计划代号	各活动开始时间 S												
					1	2	3	4	5	6	7	8	9	10	11	12	13
0	0.59938	30	0.5993	S0	0	0	0	8	7	11	21	26	10	15	19	25	30
0.1	3.5394	30	0.5993	S1	0	0	0	8	7	11	20	26	10	15	19	25	30
0.2	6.4656	29	0.8319	S2	0	0	0	8	7	11	20	25	10	15	19	24	29
0.3	9.2575	28	1.225	S3	0	0	0	7	6	10	19	24	9	14	18	23	28
0.4	11.834	27	1.7239	S4	0	0	0	7	6	10	18	23	9	14	17	22	27
0.5	14.395	26	2.7907	S5	0	0	0	7	6	9	18	22	9	13	16	21	26
0.6	16.556	25	3.8888	S6	0	0	0	6	6	9	17	21	8	13	16	20	25
0.7	18.452	24	5.5069	S7	0	0	0	6	6	9	16	20	8	12	15	19	24
0.8	20.298	23	9.4899	S8	0	0	0	6	5	8	15	19	8	11	14	18	23
0.9	21.515	22	17.145	S9	0	0	0	6	5	8	14	18	8	11	13	17	22
1	19	19	113.98	S10	0	1	0	5	5	6	8	14	6	9	11	14	19

从表 4 – 2 可以看出，当 λ 变大时，管理者完工偏好变大，完工时间 Sn 减小，即完工鲁棒性更好；但同时计划鲁棒性指标变大，即计划鲁棒性变差。两种鲁棒性指标变动合理，说明算法有效，可以得到合理的近优解。为验证本章双阶段智能算法相比单智能算法的优势，表 4 – 3 给出第一阶段模拟退火算法的运算结果，表 4 – 4 给出以基础调度计划 S = [0, 0, 0, 4, 4, 6, 8, 14, 6, 9, 11, 14, 19] 为固定初始解的禁忌搜索的运算结果。

表 4 – 2、表 4 – 3、表 4 – 4 对比可以看出，本章 SA – TS 算法求解双目标函数所得的总成本总体上优于单独的模拟退火算法或禁忌搜索算法所得成本。第一阶段 SA 算法由于较短的搜索时间设置，其解相对其他两种较差，但是在每个 λ 值下都为 SA – TS 算法中二阶段 TS 提供了不同的初始解，使得最终 SA – TS 算法优于表 4 – 4 固定初始解的 TS。

表 4 - 3　　　　　　　　　SA 算法的运算结果

鲁棒性偏好 λ	总鲁棒性成本 Z	完工鲁棒性 Zc	计划鲁棒性 Zp	鲁棒性计划													
				计划代号	各活动开始时间 S												
					1	2	3	4	5	6	7	8	9	10	11	12	13
0	1.4659	30	1.4659	S0	0	0	0	7	6	9	12	26	9	15	20	25	30
0.1	4.3193	30	1.4659	S1	0	0	0	7	6	9	12	26	9	15	20	25	30
0.2	7.1727	30	1.4659	S2	0	0	0	7	6	9	12	26	9	15	20	25	30
0.3	10.026	30	1.4659	S3	0	0	0	7	6	9	12	26	9	15	20	25	30
0.4	12.853	28	2.7551	S4	0	0	0	6	5	9	12	24	8	14	20	23	28
0.5	15.3	27	3.5999	S5	0	0	0	6	5	8	11	23	8	13	17	22	27
0.6	17.529	26	4.8215	S6	0	0	0	6	4	8	11	22	8	13	16	21	26
0.7	19.646	26	4.8215	S7	0	0	0	6	4	8	11	22	8	13	16	21	26
0.8	21.444	25	7.2217	S8	0	0	0	6	4	8	10	21	8	13	16	20	25
0.9	22.745	23	20.451	S9	0	0	0	5	4	7	9	19	7	11	14	18	23
1	19	19	94.529	S10	0	0	0	4	4	6	8	14	6	9	11	14	19

表 4 - 4　　　　　　　　　TS 算法的运算结果

鲁棒性偏好 λ	总鲁棒性成本 Z	完工鲁棒性 Zc	计划鲁棒性 Zp	鲁棒性计划													
				计划代号	各活动开始时间 S												
					1	2	3	4	5	6	7	8	9	10	11	12	13
0	1.0125	30	1.0125	S0	2	0	0	9	7	12	21	26	11	16	20	25	30
0.1	3.9113	30	1.0125	S1	2	0	0	9	7	12	21	26	11	16	20	25	30
0.2	6.81	30	1.0125	S2	2	0	0	9	7	12	21	26	11	16	20	25	30
0.3	9.7088	30	1.0125	S3	2	0	0	9	7	12	21	26	11	16	20	25	30
0.4	12.427	28	2.0444	S4	2	0	0	6	11	8	20	24	10	15	4	23	28
0.5	15.062	26	4.1238	S5	2	0	0	7	11	18	22	9	14	17	21	26	
0.6	17.472	25	6.1795	S6	2	0	0	6	10	17	21	8	13	16	20	25	
0.7	18.452	24	5.5069	S7	0	0	0	6	16	20	8	12	15	19	24		
0.8	20.335	23	9.6764	S8	0	0	0	6	9	15	19	8	12	15	18	23	
0.9	21.199	22	13.99	S9	0	0	0	6	8	14	18	7	11	14	17	22	
1	19	19	113.98	S10	0	1	0	5	5	6	8	14	6	9	11	14	19

另外，在 $\lambda = 0.7$ 时，SA – TS 混合算法与 TS 单算法的总鲁棒性成本相等，$\lambda = 0.9$ 时，TS 的鲁棒性成本优于 SA – TS。这是因为 TS 单算法初始解为 $[0, 0, 0, 4, 4, 6, 8, 14, 6, 9, 11, 14, 19]$，当 λ 较高时，第一阶段中 SA 算法所得的解计划与 TS 单算法的初始解逐渐接近，即由表 4 – 3 中各解计划可以看出，当 λ 越高，第二阶段 TS 算法的初始解与 TS 单算法初始解越相近。而当 $\lambda = 1$ 时，完工偏好最大，这时第一阶段 SA、第二阶段 TS 与单 TS 算法的初始解都基本一致，优化所得解也跟基础排程计划相近，最终总鲁棒性成本都等于基础排程工期 19。

为验证该结论的普遍性，用本章算法在 100 个随机生成的项目中进行优化搜索，结果如表 4 – 5 所示。

表 4 – 5   **100 个项目中各算法最优解情况**

λ	0	0.1	0.2	0.3	0.4	0.5	0.6	0.7	0.8	0.9	1
SA + TS	89	89	83	86	87	86	76	61	50	73	100
SA	38	35	36	37	36	36	32	30	26	30	100
TS	23	24	32	32	33	33	45	61	68	80	100

表 4 – 5 中的数值为在不同 λ 值下，每个项目用三种方法所得总鲁棒性成本相比，成本最小的项目数量。从表 4 – 5 可以看到，在不同 λ 值下，本章算法能得到最优解的项目最多，远高于单智能算法。在 λ 值较高时（ > = 0.7），由于第二阶段 TS 算法的初始解与 TS 单算法初始解相近，单 TS 算法与本章算法效果越来越近，最优项目数接近甚至越过本章算法。在 $\lambda = 1$ 时，三种方法所得解相同。

综上所述，本章的算法综合了 SA 与 TS 的优缺点，利用 SA 的初始解稳定性，优化了 TS 的初始值，同时减少了 SA 的运算时长。另外，禁忌搜索法对初始解、禁忌长度和迭代次数等参数有比较严格的要求，而模拟退火算法对温度及迭代次数设定较敏感，这些参数影响着算法的优化能力。这里在改变这些参数时，得到的计算结果基本不变，说明算法的稳定性较好。

二、项目执行仿真及结果分析

本章双目标函数所用的鲁棒性指标 STC 及工期为计划指标，而评价实际项目执行则一般以项目实际平均完工期 Sn' 和鲁棒性惩罚成本 SC 作为评价指标。因此，为验证本章所提的鲁棒性指标及所得的双目标鲁棒性调度计划在项目实际执行中的鲁棒性，特在仿真环境下，模拟执行表 4-2 中本章算法所得鲁棒性调度计划的实际运行情况。假设活动时间服从对数正态分布，项目计划执行采用"时刻表"（Railway）策略。每个调度计划模拟执行 1000 次，以项目平均完工期 Sn' 作为完工鲁棒性评价指标；以平均鲁棒性惩罚成本 $SC = \sum w_i |S_i - s_i|$ 作为计划鲁棒性评价指标，则平均总鲁棒性成本为：

$$Z'_\lambda = \lambda Sn' + (1 - \lambda) SC \qquad (4.4)$$

仿真项目执行的统计结果如表 4-6 和表 4-7 所示。

表 4-6   仿真项目执行的平均鲁棒性成本

λ	0	0.1	0.2	0.3	0.4	0.5	0.6	0.7	0.8	0.9	1
S0	0.6380	3.7487	6.8593	9.9700	13.0810	16.1910	19.3020	22.4130	25.5230	28.6340	31.7450
S1	0.6380	3.7487	6.8593	9.9700	13.0810	16.1910	19.3020	22.4130	25.5230	28.6340	31.7450
S2	0.8810	3.8742	6.8674	9.8606	12.8540	15.8470	18.8400	21.8330	24.8270	27.8200	30.8130
S3	1.3130	4.1611	7.0091	9.8572	12.7050	15.5530	18.4010	21.2490	24.0970	26.9460	29.7940
S4	1.9610	4.6384	7.3158	9.9932	12.6710	15.3480	18.0250	20.7030	23.3800	26.0570	28.7350
S5	2.5700	5.0980	7.6261	10.1540	12.6820	15.2100	17.7380	20.2660	22.7940	25.3220	27.8500
S6	5.0260	7.2207	9.4154	11.6100	13.8050	16.0000	18.1940	20.3890	22.5840	24.7780	26.9730
S7	6.8730	8.7775	10.6820	12.5860	14.4910	16.3950	18.3000	20.2040	22.1090	24.0130	25.9180
S8	8.8290	10.4580	12.0880	13.7170	15.3470	16.9760	18.6050	20.2350	21.8640	23.4940	25.1230
S9	15.0250	15.9580	16.8910	17.8240	18.7570	19.6900	20.6230	21.5570	22.4900	23.4230	24.3560
S10	66.4910	62.1770	57.8620	53.5480	49.2340	44.9190	40.6050	36.2910	31.9770	27.6620	23.3480

表 4 – 7   三种算法实际鲁棒性总成本

λ	0	0.1	0.2	0.3	0.4	0.5	0.6	0.7	0.8	0.9	1
SA + TS	0.638	3.749	6.867	9.857	12.671	15.210	18.194	20.204	21.864	23.423	23.348
SA	1.982	4.964	7.946	10.927	13.473	16.381	18.502	20.828	22.868	23.847	22.672
TS	0.795	3.887	6.979	10.071	13.192	16.283	19.279	20.499	22.644	23.639	23.406

表 4 – 6 给出了每一种鲁棒性偏好 λ 的取值下，11 个调度计划运行的总鲁棒性成本 Z'_λ 的统计结果。11 个调度计划是表 4 – 2 给出的计划，分别用 S0、S1、…、S10 表示，对应了各个 λ 值近优鲁棒性调度计划。例如，当 $\lambda = 0$ 时，S0 为近优计划，其他 10 个计划为非优计划；当 $\lambda = 0.8$ 时，S8 为近优计划，其他 10 个计划为非优计划；等等。由上述设计模拟仿真每个计划的运行，可得到各计划的平均完工时间 Sn' 和惩罚成本 SC，最终由公式可得每个计划在各个 λ 值下的总鲁棒性成本 $Z'_\lambda = \lambda Sn' + (1 - \lambda) SC$。

如表 4 – 6 所示，一个 λ 值对应一列，因此每列中的近优计划所对应的鲁棒性成本应为本列最低（或接近最低），也就是表中处于对角线上的鲁棒性成本应该最低。从表中可以看出，除了 $\lambda = 0.2$ 和 $\lambda = 0.6$ 外，其他的 λ 取值对角线上的鲁棒性成本是最低的，即所对应的计划为近优计划。而且，当 $\lambda = 0.2$ 和 $\lambda = 0.6$ 时，其对应的近优计划的鲁棒性成本接近最低值，比其他调度计划的鲁棒性成本仍然较低。因此，实验结果充分说明了本章所提指标及算法在实际中的可行性及有效性。

表 4 – 7 给出的是表 4 – 3、表 4 – 4 及表 4 – 5 三种方法所得近优计划，经过模拟执行所得到的实际鲁棒性总成本 Z'_λ，如第一行对应了表 4 – 6 对角线上的值。可以看出，除了当 $\lambda = 1$ 时 SA 单方法的鲁棒性最优，在其他 λ 值下本章 SA – TS 方法所得计划的实际鲁棒性最好。因此，实验结果充分说明了本章二阶段算法所得计划比单算法在实际项目执行中的鲁棒性更优。

第六节　本章小结

　　本章运用模拟仿真方法，以项目管理库中的帕特森例 1 为研究对象，介绍了在不确定环境下，基于 STC 分散缓冲法的项目调度过程。本章还研究了同时考虑两种鲁棒性的项目调度问题，以 STC 方法的鲁棒性指标为基础构建了双目标函数。

　　基于模拟退火算法与禁忌搜索算法的优缺点提出了双阶段求解算法，第一阶段模拟退火算法利用 STC 算法和较简单的解设置得到一个近优解，为第二阶段禁忌搜索算法提供较好的初始解。算法利用 SA 的初始解稳定性，优化了 TS 的初始值。实验结果表明，本章所提出的算法搜索过程较快且稳定性较好，所得解优于单智能算法解，能够根据管理者的鲁棒性偏好，获得双目标调度问题的近优解。

　　最后仿真环境下模拟项目的实际执行结果表明，本章所提鲁棒性指标及算法所获得的调度计划，能在实际项目执行中得到最低或接近最低的总鲁棒性成本，说明本章所提方法具有有效性和可行性，可用于在实践中指导项目管理者建立双目标鲁棒性调度计划。

第五章

考虑项目网络特征的两种
缓冲方法比较分析

第一节 引 言

范德冯德等（2006）曾对 CC/BM 与 RFDFF 分散缓冲法进行对比研究，他们着重比较了两种缓冲要得到相同的完工率时所需要的计划工期的长短，认为采用集中缓冲管理还是分散缓冲管理，要视项目特点而定。但 VADE、STC 和禁忌搜索算法等更好的分散缓冲方法提出后，没有进行后续的实验与集中缓冲相比较，且对于同一项目调度问题，应在什么情况下采用集中缓冲区，又在何种情况下采用分散缓冲区，并未见到深入研究。本章分别从项目执行环境和项目特征两个维度对缓冲进行比较研究。

本章首先从项目执行环境不确定性角度，对两种缓冲进行比较研究。用项目管理库（PSPLIB）中的特定项目制订的鲁棒项目调度基准计划，来模拟项目的执行，研究对于同一鲁棒项目调度问题，应在什么情况下采用集中缓冲，在何种情况下采用分散缓冲，并结合时间不确定程度为缓冲选择提出建议。仿真实验主要涉及项目执行环境参数，如时间不确定程度、项目交货期限以及完工重要性等，以及多样的项目种类和特征。

进一步，生成大量不同网络特征的项目，从项目网络特征的角度对两种缓冲进行比较研究，用集中缓冲和 STC 分散缓冲方法分别得到鲁棒项目调度计划，并设计实验在不确定环境下，模拟不同项目计划的执行。通过比较项目执行得到的鲁棒性指标数据，来分析两种缓冲方法在不同的项目特征和不确定时间因素下的适用性。

第二节　考虑项目执行环境的缓冲比较实验设计

为比较分析集中缓冲与分散缓冲两种缓冲方法对鲁棒项目调度计划的影响，特在仿真环境下，模拟执行基于帕特森例 1（patterson_pat1）得到的两种鲁棒性调度计划，并设计如表 5 – 1 所示的相关参数。

表 5 – 1　　　　　　　　　实验相关参数设置

控制参数	参数值或概率分布
活动时间分布	对数正态分布
活动时间变动大小（σ）	0.3，0.6，0.9
活动单位偏离时间所引起的成本 w	U［0，10］
权重参数（WP）	1，5，10，15
项目计划完工期限 Sn	21，22，23，24，25
项目调度方式	并行调度
项目调度策略	接力赛（集中缓冲）
	时刻表（分散缓冲）
项目调度优先规则	活动计划开始时间（S_i）
项目调度模拟次数	1000
项目完工率（TPCP）	$TPCP = P(Sn' < Sn)$
鲁棒性成本（Stability Cost）	$SC = \sum w_i \lvert S_i - s_i \rvert$

（1）活动时间的概率分布及模拟。与第三章第五节实验设计中的活动时间随机生成类似，为表示活动时间的不确定性，假设项目活动时间都服从对数正态分布（Tukel et al.，2006），期望值为网络图中给出的活动时间，在每次模拟项目执行时都按这种概率分布给活动随机分配时间，项目模拟执行 1000 次。设活动 i 的时间为 d_i，所对应的正态分布标准差为 σ，则所对应的正态分布时间期望值为 $u(i) = \ln(d_i) - \dfrac{\sigma^2}{2}$，用 MATLAB 模拟活动 i 的时间为 lognrnd[u(i)，σ]。为分析活动时间不确定性大小对两种缓冲计划的影响，在仿真实验时，设置高、中、低三种活动时间不确定性大小，所对应的标准差 σ 分别为 0.3、0.6、0.9。

（2）权重分布及参数设置。假设活动单位偏离时间所引起的成本 w_i 服从 0～10 的均匀分布，其中项目网络中最后一个活动（虚活动）的成本 w_n 代表整个项目延迟的边际成本。范德冯德等（2005）提出用参数 WP（Weighting Parameter）表示项目按时完工的重要性，该参数为最后一个活动的 w_n 与其他活动的 w_i 期望值的比值。WP 越大意味着按时完工越重要，延期完工的成本就越高。在仿真实验时，将参数 WP 的值设定为 1、5、10、15，以分析该参数变动对两种缓冲计划的影响。

（3）项目完工期限设置。项目完工期限大小的设置将影响项目按时完工的可能性（即质量鲁棒性），它还会影响 CC/BM 项目缓冲的大小，以及直接影响 STC 分散缓冲方法的"预缓冲"大小及缓冲的分布状况。基准调度计划得到的项目最小完工时间为 19，因此在仿真实验中，分别设置 21、22、23、24、25 几种项目完工期限，针对每种完工期限，得到不同的基于集中缓冲和分散缓冲的鲁棒性计划，进而仿真项目执行，评估其鲁棒性结果。

（4）项目执行策略。总体采用并行调度方法，从前到后在每一时刻点作出每个活动是否执行的决策。项目执行时，采用两种执行策略（Van de Vonder et al.，2005）：执行基于 STC 分散缓冲法的鲁棒性调度计划时，采用"时刻表"（railway）法，所有活动的开始执行时间不得早于计划开始时间，按其计划开始时间决定活动执行的先后顺序；执行基于 CC/BM 集中缓冲的鲁棒性调度计划时，采用"接力赛"（roadrunner）策略，除了每条链的初始活动（gating-task）外，其他活动尽早开始，关键链活动具有优先执行权。

（5）鲁棒性评价指标。以项目的按时完工率（Timely Project Completion Probability，TPCP）和平均完工期作为质量鲁棒性评价指标，以鲁棒性惩罚成本（Stability Cost，SC）作为解鲁棒性评价指标，其大小定义为（Herroelen and Leus，2004）：

$$SC = \sum w_i |S_i - s_i| \qquad (5.1)$$

其中 s_i 和 S_i 分别表示项目活动的计划开始时刻与实际开始时刻；参数 w_i 也叫惩罚因子，是指活动偏离计划开始时间时，偏离单位时间所引起的成本。SC 反映了整个项目执行过程中，因活动实际开始时刻偏离计划开始时刻所额外增加的成本，因而也常被称为惩罚成本。

第三节 不同执行环境下缓冲对比分析

该实验为分析项目在不同情况下两种缓冲的对比，将活动时间变化大小（σ）取了 3 种变动、权重参数 WP 取了 4 种变动，项目计划完工期取了 5 种变动，则实验结论共为 60 组（3×4×5）数据。为明确各参数变化对两种缓冲鲁棒性的影响，下面每部分分别各取几组数据进行详细分析。

一、完工期限对鲁棒性的影响

活动时间的不确定性大小 σ 为 0.3，权重参数 WP 为 10，模拟执行项目 1000 次，统计得到鲁棒性指标的平均值如表 5－2 所示。

表 5 – 2   σ = 0.3，WP = 10 时两种调度计划的鲁棒性指标统计平均值

鲁棒性指标	Sn = 21		Sn = 22		Sn = 23		Sn = 24		Sn = 25	
	STC	CC/BM	STC	CC/BM	STC	CC/BM	STC	CC/BM	STC	CC/BM
SC	44.829	91.931	32.015	91.836	30.802	90.445	23.289	91.980	17.307	91.423
TPCP	0.409	0.354	0.554	0.500	0.695	0.659	0.782	0.759	0.818	0.859
完工时间	22.802	23.280	23.044	23.177	23.150	23.192	23.867	23.397	24.765	23.289

由表 5 – 2 可以看出：

（1）在解鲁棒性方面：①随着项目完工期限的增加，CC/BM 的惩罚成本 SC 基本保持不变，而 STC 的惩罚成本则逐渐减小。②STC 的 SC 指标总是远小于 CC/BM，而且完工期限越宽松，这种现象越明显。因此，STC 法的解鲁棒性要优于 CC/BM，随着项目完工期限的增加，STC 法的解鲁棒性更好。

（2）在按时完工率方面：①两种缓冲方法都随着完工期限的增加而增加。②当完工期限较紧时，STC 的按时完工率高于 CC/BM；而随着完工期限的增加，CC/BM 的按时完工率逐渐高于 STC，其完工鲁棒性优势逐渐明显。这说明，因 STC 法的分散缓冲用于保护各活动开始时间的稳定性，当项目完工期较紧时，它能保护各活动尽量按计划时间进行，进而较好地保证项目按期完工。而对于 CC/BM 而言，项目完工期较紧时，关键链尾部的项目缓冲较小，对项目按时完工的保护也就较小；随着完工期限的增加，CC/BM 的项目缓冲也增加，从而能更好地保护项目按期完工。

（3）在完工时间方面：①随着项目完工期限的增加，STC 的平均完工期也逐渐增加，而 CC/BM 基本保持不变。②当完工期限较紧时，STC 的平均完工期小于 CC/BM；随着完工期限放宽，STC 的平均完工期逐渐大于 CC/BM。

二、活动时间标准差对项目鲁棒性的影响

活动时间标准差 σ 反映了活动时间不确定性的程度，设定 σ 为 0.3、0.6 和 0.9 三种情况，分别代表活动时间的不确定性程度低、中、高。当完工期限固定为 23、WP 为 10 时，模拟执行项目 1000 次，统计得到鲁棒性指标的平均值如表 5 - 3 所示。

表 5 - 3   Sn = 23，WP = 10 时两种调度计划的鲁棒性指标统计平均值

鲁棒性指标	σ = 0.3		σ = 0.6		σ = 0.9	
	STC	CC/BM	STC	CC/BM	STC	CC/BM
SC	30.802	90.445	76.888	143.340	112.670	205.310
TPCP	0.695	0.659	0.435	0.516	0.384	0.456
完工时间	23.150	23.192	25.987	24.810	28.474	27.146

从表 5 - 3 可以看出，不论采用哪种缓冲方法，随着 σ 变大，SC 变大、TPCP 变小、完工时间变长，说明随着活动时间不确定性程度的增加，项目鲁棒性变差。STC 的解鲁棒性总是好于 CC/BM。

进一步比较完工期限、活动时间不确定性程度大小对两种缓冲方法的按时完工率和平均完工时间的影响，图 5 - 1、图 5 - 2 是 WP = 10 时的统计结果，横坐标为完工期限，纵坐标分别表示按时完工率和平均完工时间。可以看出：

（1）当活动时间的不确定性程度较大时（σ 为 0.6 和 0.9），CC/BM 的按时完工率总高于 STC 法，而完工时间总低于 STC 法。

（2）当活动时间的不确定性程度较低时（σ 为 0.3），如果完工期限较紧，STC 法的按时完工率高于 CC/BM，而完工时间低于 CC/BM。若完工期限较松，则情况相反。

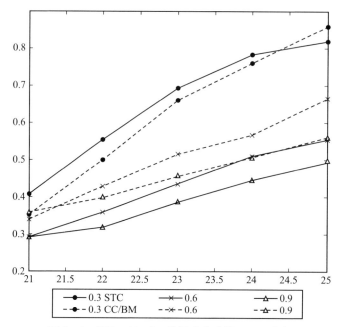

图 5 – 1　WP = 10 时两种缓冲方法的 TPCP 指标

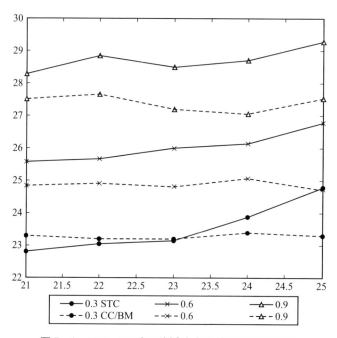

图 5 – 2　WP = 10 时两种缓冲方法的平均完工时间

三、权重参数 WP 对项目鲁棒性的影响

WP 是 STC 法建立调度计划所需的参数，其大小反映了项目按期完工的重要性，并只对 STC 结果产生影响。固定完工期限为 23，σ 为 0.3，模拟执行项目 1000 次，统计得到鲁棒性指标的平均值如 5-4 所示。可以看出，当 WP 增加时，要求项目按期完工的重要性增加，基于 STC 法的调度计划的按期完工率增加、平均完工时间减少，而相应的解鲁棒性成本 SC 增加。由此说明，对 STC 法而言，增加 WP 可以增加调度计划的质量鲁棒性，但会降低其解鲁棒性。

表 5-4　　　Sn = 23，σ = 0.3 时 STC 计划的鲁棒性指标统计平均值

鲁棒性指标	WP = 1	WP = 5	WP = 10	WP = 15
SC	15.506	26.131	30.802	31.931
TPCP	0.397	0.615	0.695	0.713
完工时间	24.667	23.845	23.150	23.003

第四节　考虑项目特征的缓冲比较实验设计

本实验的目的是在仿真环境下，模拟执行按 CC/BM 集中缓冲和 STC 分散缓冲两种方法所制订的鲁棒性调度计划，观察其鲁棒性绩效指标，来对比集中缓冲和分散缓冲方法对项目调度的影响，进而分析两种缓冲方法的适用性。

实验选取项目规模和复杂度来反映项目特征，首先由这两种特征参数模拟生成多个项目，再用上述的两种缓冲方法分别建立鲁棒项目调度计划，然后模拟执行项目调度计划，统计相应的鲁棒性绩效指标。因此本实验涉及项目网络的生成、两种缓冲计划的建立、项目执行模拟和鲁棒性指标的选择。其中 CC/BM 与 STC 两种缓冲建立调度计划的特点与过程如第

三章和第四章所示，项目执行模拟和鲁棒性指标的选择与本章第二节类似，具体如下：

（1）反映项目特征的两种网络源参数如表 5 – 5 所示。项目活动数 n 代表了项目规模大小，实验中设置了 10、15、20、25、30 五种数值；项目网络密度（Order Strength，OS）代表了项目复杂度，OS 越高表明项目网络密度越高，项目越复杂，实验中设置了 0.3、0.4、0.5、0.6、0.7 五种数值。给定项目活动数 n 和网络复杂度 OS，采用 RanGen 软件生成大量的项目（Demeulemeester and Vanhoucke，2003），每组 n 和 OS 的组合生成 100 个项目，总共 2500 个项目，对每个项目分别用两种缓冲方法制订鲁棒性调度计划，并仿真执行该计划。

表 5 – 5 项目网络源参数设置

项目特征参数	参数及相关设置	参数值或概率分布
网络参数	项目活动数 n	10，15，20，25，30
	网络复杂度 OS	0.3，0.4，0.5，0.6，0.7

（2）实验假设活动时间服从对数正态分布，设置高、中、低三种活动时间不确定性大小，所对应的标准差 σ 分别为 0.3、0.6、0.9。STC 的调度计划采用"时刻表"（railway）执行策略，关键链调度计划采用"接力赛"（roadrunner）执行策略。每个项目计划分别执行 1000 次，以项目的按时完工率（TPCP）和平均完工期 Z 作为质量鲁棒性评价指标，以鲁棒性惩罚成本（Stability Cost，SC）作为解鲁棒性评价指标。

（3）项目完工期限设置。项目完工期限大小的设置将影响项目按时完工的可能性（即质量鲁棒性），还会影响 CC/BM 项目缓冲的大小，以及直接影响 STC 分散缓冲方法的"预缓冲"大小及缓冲的分布状况。在仿真实验中，为了更好地比较完工率，对两种缓冲计划设置相等的完工期限，即在最短计划工期后加入关键链长度的百分比作为完工期限。

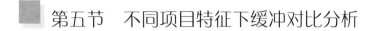

第五节 不同项目特征下缓冲对比分析

项目活动时间的标准差大小反映了活动时间的变化程度，也反映了项目执行环境的不确定性程度。标准差 σ 为 0.3、0.6、0.9 时，分别代表了低、中、高三种执行环境的不确定性程度。下面从不同的执行环境来分析两种缓冲方法在网络参数变化时的鲁棒性结果。

一、σ=0.3 时项目特征参数的影响

σ 为 0.3 时项目的不确定性较小，统计完工率（TPCP）时，在项目最短计划工期后加入关键链长度的 10% 作为完工期限。

（一）项目规模的影响

为分析项目规模 n 的变化对两种缓冲计划鲁棒性的影响，在 OS 固定时，n 由小到大取 5 个数据。这样得到 5 组参数，每组参数生成 100 个项目，每个项目分别用两种缓冲方法制订鲁棒性调度计划，分别仿真执行 1000 次。如 OS=0.4 时的实验结果统计的鲁棒性指标平均值如表 5-6 所示。

表 5-6　　　项目活动数 n 变动时两种缓冲计划的鲁棒性指标

n	平均鲁棒性成本（SC）		平均按时完工率（TPCP）		平均完工期（Z）	
	CC/BM	STC	CC/BM	STC	CC/BM	STC
10	310.330	231.320	0.740	0.774	23.055	22.045
15	835.740	473.482	0.750	0.784	27.401	26.945
20	1628.000	1054.300	0.694	0.708	30.587	30.661
25	2430.100	1520.000	0.725	0.718	34.693	34.705
30	3452.900	2448.200	0.788	0.725	36.217	37.774

由表 5 - 6 可以看出：

（1）在鲁棒性成本方面：①随着项目规模的增大，CC/BM 和 STC 的惩罚成本 SC 逐渐变大。②STC 的 SC 指标总是远小于 CC/BM，说明 STC 的解鲁棒性总是好于 CC/BM。

（2）在按时完工率方面：①集中缓冲 CC/BM 的完工率随着项目规模的增大而增加。②分散缓冲 STC 的完工率则随项目规模的增大而降低。③在项目规模较小时，集中缓冲的 TPCP 小于分散缓冲；随着项目规模的增大，集中缓冲的 TPCP 逐渐高于分散缓冲。

这说明，因 STC 法的分散缓冲用于保护各活动开始时间的稳定性，当项目规模较小时，它能保护各活动尽量按计划时间进行，进而较好地保证项目按期完工；当项目规模变大时，这种分散式的缓冲对完工的保护力度变弱。而对于 CC/BM 而言，项目规模较小时，关键链长度较短，因此取关键链长度一定比例的项目缓冲实际值较小，对项目按时完工的保护也就较小；随着项目规模的增大，关键链长度也有所增加，CC/BM 的项目缓冲值也增加，从而能更好地保护项目按期完工。

（3）在完工时间方面：①随着项目规模的增大，两种缓冲的平均完工期也逐渐增加。②当项目规模较小时，STC 的平均完工期小于 CC/BM；随着项目规模增大，STC 的平均完工期逐渐大于 CC/BM。

（二）项目网络密度的影响

为分析项目网络密度 OS 的变化对两种缓冲计划鲁棒性的影响，在 n 固定时，OS 由小到大取 5 个数据。得到 5 组参数，每组参数生成 100 个项目，每个项目分别用两种缓冲方法制订鲁棒性调度计划，分别仿真执行 1000 次。如当 n = 10 时由实验结果统计的鲁棒性指标平均值如表 5 - 7 所示。

可以看出，在鲁棒性成本方面，随着项目网络复杂度的增加，CC/BM 和 STC 的惩罚成本 SC 逐渐变小，STC 的 SC 指标总是远小于 CC/BM，STC

的解鲁棒性总是好于 CC/BM。而两种缓冲的完工鲁棒性指标随 OS 的变化与随 n 的变化基本一致。

表 5-7　　　　网络密度 OS 变动时两种缓冲计划的鲁棒性指标

OS	平均鲁棒性成本（SC）		平均按时完工率（TPCP）		平均完工期（Z）	
	CC/BM	STC	CC/BM	STC	CC/BM	STC
0.3	320.680	287.310	0.650	0.875	21.934	16.940
0.4	310.330	231.320	0.740	0.774	23.055	22.045
0.5	279.290	218.210	0.770	0.747	23.706	24.980
0.6	282.960	170.120	0.727	0.647	28.377	30.965
0.7	269.120	148.460	0.735	0.643	31.550	34.745

（1）在按时完工率方面：①CC/BM 的完工率随着网络复杂度的增加而增加。②STC 的完工率则随项目网络复杂度的增加而降低。③在项目网络较简单时，集中缓冲的 TPCP 小于分散缓冲；而随着项目网络复杂化，集中缓冲的 TPCP 逐渐高于分散缓冲。

由此说明 STC 法的分散缓冲在简单的项目中，能保护各活动尽量按计划时间进行，进而较好地保证项目按期完工；随着项目网络的复杂化，活动之间的关系更加错综复杂，导致分散缓冲对项目整体完工的保护变弱。而对于 CC/BM 而言，项目较简单时，项目缓冲值较小，对项目按时完工的保护也就较小；随着项目网络复杂化，关键链长度增加，CC/BM 的项目缓冲值也增加，而且集中的接驳缓冲也能更好地保护关键链活动按时执行，从而能更好地保护项目整体按期完工。

（2）在完工时间方面：①随着项目网络复杂化，两种缓冲的平均完工期也逐渐增加。②当项目规模较小时，STC 的平均完工期小于 CC/BM；随着项目规模增大，STC 的平均完工期逐渐大于 CC/BM。

（三）项目规模和网络复杂度的综合影响

进一步对比分析 n 和 OS 都变化时，两种缓冲方法的完工鲁棒性。将不同的 n 和 OS 值组合，每个组合各生成 100 个项目，每个项目分别用两种缓冲方法制订鲁棒性调度计划，分别仿真执行 1000 次，得到这两种参数变动时的两种缓冲的完工鲁棒性指标，并用三维坐标图和交互矩阵进行对比分析。图 5 - 3（a）为按时完工率对比，其中 C_TPCP 轴表示集中缓冲与分散缓冲对应的按时完工率的差值（%）；图 5 - 4（a）为完工期对比，其中的 C_Z 轴由集中缓冲小于分散缓冲的 Z 的比例表示（%），其计算公式为分散缓冲与集中缓冲的 Z 值之差，除以分散缓冲的 Z 值。交互矩阵图的引用是为了进一步解析三维图的大小变化，纵、横坐标轴分别代表两种参数，A、B、C、D 四点代表不同规模和网络复杂度的项目。例如 A 点处，n 和 OS 都低，代表小型简单项目；D 点处，n 和 OS 都高，代表大型复杂项目。通过四点大小的两两比较，得到最高点和最低点。

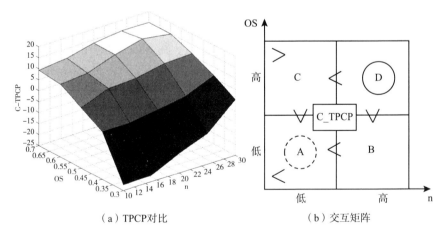

（a）TPCP对比   （b）交互矩阵

图 5 - 3　n 和 OS 变动时两种缓冲的完工率对比变化

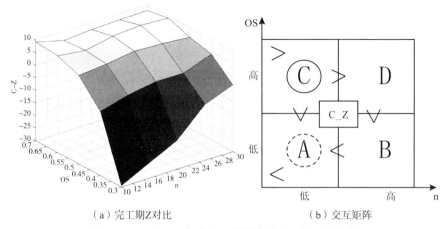

（a）完工期Z对比　　　　　　（b）交互矩阵

图 5 - 4　n 和 OS 变动时两种缓冲的完工期对比变化

平均按时完工率方面，在 OS 和 n 都较小时（约 n≤20 且 OS≤0.4），C_TPCP 坐标值为负，说明在小型简单的项目中 STC 的完工率优于 CC/BM。随着 OS 和 n 的增大，坐标值迅速增加并变为正，说明大型复杂的项目中 CC/BM 的完工率优于 STC。由交互矩阵图得出，在 A 点处，STC 的完工率更优；在 D 点处，CC/BM 的完工率更优。

平均完工期方面，在 OS 和 n 都较小时（约 n≤15 且 OS≤0.4），C_Z 的坐标值为负，说明在小型简单的项目中，STC 比 CC/BM 的平均完工期短。随着 OS 和 n 增大，C_Z 的坐标值迅速增加并变为正，说明大型复杂的项目中 CC/BM 比 STC 的完工期短。但在 OS 较大时，随着 n 的变大坐标值的增加逐渐变缓，且在 OS = 0.7 时呈现小幅度波动，说明在复杂项目中，项目规模对两缓冲完工期对比影响较小，CC/BM 集中缓冲完工期优势基本保持不变。由交互矩阵图可得，在 A 点处，STC 分散缓冲的完工期更优；n 和 OS 较高时，CC/BM 的完工期更优。

由上述分析可知，在项目规模较小且网络简单时，STC 分散缓冲的平均按时完工率和平均完工期都优于 CC/BM 集中缓冲，且由于分散缓冲的鲁棒性成本 SC 始终小于集中缓冲，即 STC 在质量鲁棒性和解鲁棒性方面都优于 CC/BM。因此小型简单项目优先选择分散缓冲法，可以以较低的鲁棒性成本按时完工。而当项目规模较大且网络复杂时，集中缓冲的完工率和平均完工期优于分散缓冲，这时以完工为导向的项目应选择质量鲁棒性较好的集中缓冲法。

二、$\sigma=0.6$ 与 $\sigma=0.9$ 时项目特征参数的影响

当 $\sigma=0.6$ 与 $\sigma=0.9$ 时，活动时间变动增大，反映项目不确定性增加。针对不同 n 和 OS 值而生成的项目及相应的鲁棒性调度计划，分别在 $\sigma=0.6$ 与 $\sigma=0.9$ 的环境下仿真执行 1000 次，得到相应的完工鲁棒性指标，并用三维坐标图进行对比，如图 5 – 5 和图 5 – 6 所示。总体上与 $\sigma=0.3$ 时的情形相类似。

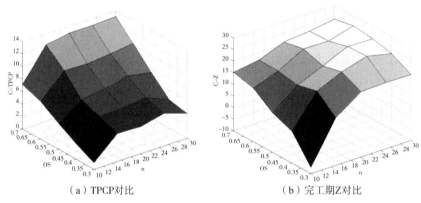

（a）TPCP对比　　　　　　　（b）完工期Z对比

图 5 – 5　$\sigma=0.6$ 时两种缓冲的完工鲁棒性对比变化

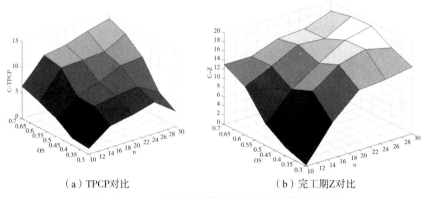

（a）TPCP对比　　　　　　　（b）完工期Z对比

图 5 – 6　$\sigma=0.9$ 时两种缓冲的完工鲁棒性对比变化

（1）σ=0.6时，C_TPCP的坐标值始终为正，STC法在n和OS较低时没有完工率优势；但在n=10且OS=0.3时，C_Z值为负，该点处分散缓冲还有完工期优势。当σ=0.9时，C_TPCP和C_Z的坐标值都始终为正，说明随着项目不确定性的增大，STC法在n和OS较低时也没有完工率优势和完工期优势，即在项目不确性较大时，CC/BM的质量鲁棒性始终优于STC法。

（2）从图5-5和图5-6可以看出，随着n和OS的增加，即项目规模的增大和项目复杂性的增加，CC/BM的完工鲁棒性优势更加明显。

第六节　本章小结

一、不确定环境下缓冲对比

本章运用模拟仿真方法，首先以项目管理库中的帕特森例1为研究对象，对不确定环境下CC/BM集中缓冲法和基于STC分散缓冲法的质量鲁棒性（完工绩效）与解鲁棒性（计划稳定性）方面进行了比较研究，得到以下主要研究结论：

（1）在调度计划的计划稳定性方面，分散缓冲始终优于集中缓冲，而且随着项目完工期限的增加，分散缓冲法所作计划的稳定性更好。因为在模拟项目执行时，集中缓冲采用"接力赛"调度策略，各活动的实际开始时间与计划开始时间很可能不一致，从而引起较高的鲁棒性惩罚成本。而分散缓冲采用"时刻表"调度策略，能更好地保证各活动按计划时间开工，因而鲁棒性惩罚成本也较低。说明当单位偏离时间所引起的成本较高时，应更多地考虑分散缓冲法，保证调度计划有较好的稳定性以减少成本。

（2）当项目完工期限很紧时，应更多地考虑分散缓冲法，因为它的完工绩效和计划稳定性都优于集中缓冲。而随着完工期限的放宽，集中缓冲的完工绩效逐渐优于分散缓冲，这时，在以按时完工为主的项目调度中，要更多地考虑集中缓冲。

（3）当活动时间的不确定性程度较大时，集中缓冲的完工绩效较好，即项目按时完工率更高，而完工时间更低。所以，在不确定性较大的项目执行环境中，应优先选择基于集中缓冲的鲁棒项目调度计划。

（4）权重参数 WP 反映了项目按期完工的重要性，它只对基于分散缓冲方法的调度计划的鲁棒性结果产生影响。增加 WP，可以增加调度计划的完工绩效，但会降低其稳定性。说明 WP 参数可直接调控分散缓冲的成本及完工表现，WP 增加使成本增加，但同时其完工性变优，在制订基于分散缓冲的鲁棒性调度计划时，需要权衡这两个方面的鲁棒性，确定合适的 WP 值。

二、不同项目特征下缓冲对比

进一步地，本章通过大规模仿真实验，比较了在不同类型的项目特征下，两种方法对鲁棒项目调度的影响。首先根据项目活动数和网络密度生成多个具有不同网络特征的项目，利用两种缓冲得到两种鲁棒项目调度计划；然后在不确定环境下，模拟执行这些项目调度的计划；最后根据模拟执行情况，统计鲁棒性指标数据，并结合时间不确定性的大小分析两种缓冲方法的适用性。得到的主要结论为：

（一）解鲁棒性（即计划稳定性）方面

随着项目规模的增大和网络复杂度的增加，集中缓冲和分散缓冲的鲁棒性成本都逐渐增加，且不论项目不确定性和网络特征如何变化，分散缓冲计划的稳定性始终优于 CC/BM。这是因为两种缓冲计划的执行策略不同，集中缓冲采用"接力赛"策略，并不严格按计划开始时间进行，因此偏离成本较高。而分散缓冲采用"时刻表"策略，严格按照计划开始时间开工，因此偏离成本较低。所以在追求计划稳定性以控制成本的项目调度中，可更多考虑分散缓冲法，以更好地保证项目活动按计划开工，控制协调成本。

（二）质量鲁棒性（即完工绩效）方面

（1）当活动时间不确定程度较小时，在小规模简单的项目中，分散缓冲的平均按时完工率和平均完工期都优于集中缓冲。这时，分散缓冲在完工绩效和计划稳定性上都优于集中缓冲。这种情况下，优先选择分散缓冲法制订鲁棒项目调度计划。当项目规模较大且网络复杂时，集中缓冲的平均按时完工率和平均完工期优于分散缓冲，这时以完工为导向的项目优先选择集中缓冲。

（2）随着活动时间不确定性程度的增大，分散缓冲法在 n 和 OS 较低时也没有按期完工率和完工期方面的优势，即在项目不确性程度较大时，集中缓冲的完工绩效始终优于分散缓冲。所以，在不确定性较大的项目执行环境中，应优先选择集中缓冲法来制订鲁棒项目调度计划。

第三篇　基于缓冲的多模式项目鲁棒性调度

第六章

基于 FS 指标和缓冲技术的
DTRTP 鲁棒项目调度

▓ 第一节 引 言

　　DTRTP 问题即离散时间/资源权衡问题，作为多模式资源受限项目调度问题的一个子问题，在实践中广泛存在。项目调度问题旨在在预先设定的计划范围内为活动分配资源（Afshar–Nadjafi，2021），在大多数情况下，假定每项活动的持续时间和资源需求是固定的。但是，在某些情况下（如天然气和液化石油气开采项目等），为不同的活动规定了工作量（Aramesh et al.，2021），由此产生的考虑工作量和单一"瓶颈"资源类型的问题被称为离散时间/资源权衡问题（DTRTP），其中工作量可以分解为多种持续时间（例如天）和资源需求的组合（De Reyck et al.，1998）。若某个组合中的时间—资源乘积大于或等于给定的工作量，则称为可行执行模式。DTRTP 问题是指在活动时序和资源约束下，利用预先定义的工作量和单一可再生资源类型，以其可行执行模式之一调度每个活动，以实现项目完工时间最小化目标（Demeulemeester et al.，2000）。学术界对 DTRTP 的研究相对较少，大多数已有研究集中于算法开发，目的是在不考虑任何不确定性的情况下找到最佳基准调度计划（Ranjar et al.，2009）；或试图在项目执行期间找到更好的模式组合和更好的调度策略（Tian et al.，2017）。很少有研究考虑在不确定情况下求解 DTRTP 问题，制订鲁棒调度计划。然而众所周知，不确定性是项目的固有特征（Hurley，1996），为项目生成有效的基准调度计划是项目管理中关键的问题之一（Wael et al.，2020），因此有必要研究工作量不确定下的 DTRTP 问题，为其制订鲁棒调度计划。

DTRTP 问题的主要不确定性来自工作量，研究工作量不确定下的 DTRTP 问题具有一定理论价值。现有研究针对工作量不确定下的 DTRTP 问题（Tian and Demeulemeester，2013，2014；Tian et al.，2017），试图在执行阶段找到更好的调度策略和更好的模式组合。有研究指出，就执行阶段的平均项目工期和稳定性成本而言，引入资源流网络的调度策略的统计性能表现最佳（Tian and Demeulemeester，2013；2014）。还有研究表明，在随机环境下，在执行阶段优先选择长度较短、平均并行活动数量较大的基准调度计划，性能更好（Tian et al.，2017）。所有这些研究都没有产生一个鲁棒基准调度计划来应对工作量在计划阶段的不确定性。为了填补这个研究空白，本章考虑在工作量不确定和给定项目完工期限（截止日期）条件下，于计划阶段得到一个鲁棒基准调度计划。衡量调度计划鲁棒性的替代指标已有很多（Zahid et al.，2019；Ma et al.，2019），其中，自由时差效用已被广泛使用且被证明性能较优（Lambrechts et al.，2008）。

在本章研究中，采用 9 个基于时差的衡量指标作为"解"的鲁棒性的替代指标，并提出一种基于时间缓冲方法和 DE 算法的两阶段算法，分别求解 9 个基于时差的鲁棒代理模型。本章有三个重要贡献：首先，以往对 DTRTP 问题的研究主要集中在算法，以项目工期最小化为目标确定基准调度计划，本章建立了 9 个基于不同"解"的鲁棒性代理指标的鲁棒调度模型，以求找到一个鲁棒基准调度计划，该调度考虑在计划阶段给定完工期限（截止日期）下的工作量的不确定性。其次，针对 DTRTP 问题的特点，提出了一种基于时间缓冲方法和 DE 算法的两阶段算法。最后，建立 SAS

PROC GLM 模型，并对 9 个不同的鲁棒代理模型进行比较，找出鲁棒性更优的基准调度计划。计算结果表明，3 种基于自由时差效用函数的鲁棒模型项目绩效表现更好，可以生成鲁棒性更优的基准调度计划，其在大多数项目中都具有较低的稳定性成本、较短的平均项目工期和较高的项目按时完工率。

本章的结构如下。第二节描述了 9 种基于时差的"解"的鲁棒性的代理指标，并为 DTRTP 问题制定了基于时差的鲁棒调度模型。第三节提出了一种基于时间缓冲方法和 DE 算法的两阶段算法。第四节介绍了实验参数设置，包括测试实例的构造、绩效指标和仿真步骤。第五节给出了实验结果及其分析，最后一节给出了总结以及对于进一步研究的建议。

第二节 基于 FS 的鲁棒指标和 DTRTP 鲁棒模型

一、基于 FS 的鲁棒指标

时差是使用最广泛的鲁棒性代理指标（Zahid et al.，2019），文献中常用的两种时差分别为总时差和自由时差。总时差是指在项目不延期的情况下，活动可以推迟的时间单位；自由时差是指在任何后续活动最早开始时间不延迟的情况下，活动可以推迟的时间量（PMBOK®Guide，2017）。总时差的概念与"质"的鲁棒性密切相关，而自由时差则与"解"的鲁棒性相关。与自由时差相比，总时差可能会高估在不影响项目工期的情况下，一个活动所能利用的缓冲区（Leon et al.，1994）。自由时差常被认为是一种有效的鲁棒性指标，因此本章选择自由时差作为基础代理指标。克马坎和什图鲁（Khemakhem and Chtourou，2013）对基于时差的衡量指标作出了简要的综述，如平均时差、加权时差、时差效用函数等。在本章中，对于 DTRTP 问题，将考虑一些基于时差的指标（见表 6 – 1）。

表 6 - 1　　　　　　　　　　　鲁棒性衡量指标

$RM1 = \sum_{i=1}^{n} FS_i.$	$RM2 = \sum_{i=1}^{n} \dfrac{FS_i}{Dur_i},$ $Dur_i = \dfrac{workcontent_i}{Resource_i}$	$RM3 = \sum_{i=1}^{n} NS_i \times FS_i$
$RM4 = \sum_{i=1}^{n} CINS_i \times FS_i,$ $CINS_i = NS_i + \sum_{j \in Succ_i^*} NS_j$	$RM5 = \sum_{i=1}^{n} w_i \times FS_i$	$RM6 = \sum_{i=1}^{n} \sum_{j=1}^{FS_i} e^{-j}$
$RM7 = \sum_{i=1}^{n} CIW_i \sum_{j=1}^{FS_i} e^{-j},$ $CIW_i = w_i + \sum_{j \in Succ_i} \times w_j$	$RM8 = \sum_{i=1}^{n} CIW_i \sum_{j=1}^{FS_i/Dur_i} e^{-j},$ $CIW_i = w_i + \sum_{j \in Succ_i} \times w_j$ $Dur_i = \dfrac{workcontent_i}{Resource_i}$	$RM9 = \sum_{i=1}^{n} \left[0.5 \times \dfrac{FS_i}{Dur_i} + 0.5 \times \left(1 - \dfrac{Dur_i}{Makespan} \right) \right]$ $Dur_i = \dfrac{workcontent_i}{Resource_i}$

（一）自由时差

RM1 是每个活动的自由时差的总和，由阿尔 – 法赞和瓦哈里（2005）提出，用于衡量一个调度计划的鲁棒性。该鲁棒模型的目标函数是最大化 $RM1 = \sum_{i=1}^{n} FS_i$，其中 FS_i 为活动 i 的自由时差，由 $FS_i = \min(LS_i^* - EF_i)$ 计算得到，其中 EF_i 为活动 i 的最早结束时间，LS_i^* 为活动 i 的任一紧后活动的最早开始时间。

（二）自由时差与活动持续时间的比值

由于阿尔 – 法赞和瓦哈里（2005）提出的自由时差指标没有考虑任何活动参数，科比兰斯基和库赫塔（Kobyla'nski and Kuchta，2007）提出将自由时差与活动持续时间的比率作为鲁棒性指标。利用这一衡量指标，计算所有活动自由时差与活动持续时间的比率之和作为目标函数，公式为 $RM2 = \sum_{i=1}^{n} (FS_i/Dur_i)$，其中 Dur_i 为活动 i 的持续时间。在本章中，每个活动的持续时间值应由工作量与资源需求的比值得到，定义为 $Dur_i = \dfrac{workcontent_i}{Resource_i}$。

（三）加权自由时差

RM1 假设每个自由时差对每个活动的贡献相同，并赋予所有活动相同的权重。然而，某些活动有更多的后续活动，或者某些活动更可能造成项目完工延期，因此应该分配更大的权重给这些活动（Hazir et al.，2010）。

什图鲁和瓦哈里（2008）提出将紧后活动的数量作为权重，其基于自由时差的鲁棒模型的目标函数是最大化 RM3 $= \sum_{i=1}^{n} NS_i \times FS_i$，其中 NS_i 为活动 i 紧后活动的数量。

哈兹等（Hazir et al.，2010）提出将所有具有总时差的后续活动的总数用于鲁棒性指标。这里使用自由时差对该衡量指标进行调整，所提出的基于自由时差的鲁棒模型的目标函数是最大化 RM4 $= \sum_{i=1}^{n} CINS_i \times FS_i$，其中 $CINS_i$ 指的是活动 i 的所有（直接和间接）后续活动的总数。

此外，还可以为每个活动分配不同的权重，所提出的基于自由时差的鲁棒模型的目标函数可以定义为最大化 RM5 $= \sum_{i=1}^{n} w_i \times FS_i$，其中 w_i 是指活动 i 的权重，在 1 到 10 的均匀分布中随机生成。

（四）自由时差效用

上面的自由时差方法假设分配给活动的每个单位时差都有相同的效用，导致一些活动的时差非必要地增长。另一种方法是使用每额外单位自由时差效用递减的函数（Hazir et al.，2010）：所提出的自由时差效用鲁棒模型的目标是最大化 RM6 $= \sum_{i=1}^{n} \sum_{j=1}^{FS_i} e^{-j}$。

兰布雷希茨等（2008b）提出了一个加权递减的自由时差效用作为鲁棒性代理指标，该指标已被证明是为 RCPSP 生成鲁棒项目调度的一个好方法。加权递减自由时差效用鲁棒模型的目标是最大化 RM7 $= \sum_{i=1}^{n} CIW_i \sum_{j=1}^{FS_i} e^{-j}$，

其中 $CIW_i = w_i + \sum\limits_{j \in Succ_i} \times w_j$。

哈兹等（2010）指出，考虑活动持续时间来评估活动时差会更有意义，因为时差/活动持续时间的比率越高，其防止延迟发生的能力就越高，他们建议使用总时差和活动持续时间的比率来评估鲁棒性。本章采用自由时差，鲁棒模型的目标函数为最大化 $RM8 = \sum\limits_{i=1}^{n} CIW_i \sum\limits_{j=1}^{FS_i/Dur_i} e^{-j}$，其中 $CIW_i = w_i + \sum\limits_{j \in Succ_i} \times w_j$，$Dur_i = \dfrac{workcontent_i}{Resource_i}$。

（五）其他自由时差指标

扎希德等（2019）考虑活动和项目特征的影响，提出了自由时差指标，目标函数定义为 $RM9 = \sum\limits_{i=1}^{n} \left[0.5 \times \dfrac{FS_i}{Dur_i} + 0.5 \times \left(1 - \dfrac{Dur_i}{Makespan} \right) \right]$，其中 $Dur_i = \dfrac{workcontent_i}{Resource_i}$。

二、基于 FS 的 DTRTP 鲁棒调度模型

DTRTP 问题可以这样表述。考虑一个 AON 形式的项目网络 $G(N, A)$，由一组节点 $N = \{1, \cdots, n\}$、一组表示优先级关系的弧 A 和一个可用量为 a 的单一可更新资源组成。每个活动 i 没有固定的活动持续时间和资源需求，指定其工作量为 W_i，其所有有效执行模式 M_i 都由时间/资源权衡决定。在模式 $m(1 \leq m \leq M_i)$ 下进行时，活动 i 的活动持续时间为 d_{im}，每一周期内的资源需求量为 r_{im}，要求 $r_{im} \times d_{im}$ 至少等于并尽可能接近 $W_i(r_{im} \times d_{im} \geq W_i)$。如果对于某一模式，其他模式都具有更多的活动持续时间或大的资源需求，则该模式称为有效执行模式。假设虚开始活动和虚结束活动只有一种执行模式且持续时间为零，资源需求为零。鲁棒 DTRTP 模型的目标是在时序、资源和项目完工期限的约束下，确定具有合适活动持续时间和

相应资源需求的基准调度计划，以使鲁棒最大化。引入决策变量 x_{imt}，可得到模型如下：

$$x_{imt} = \begin{cases} 1, & \text{若活动 i 的执行模式为 m 且在 t 时刻开始,} \\ 0, & \text{其他} \end{cases}$$

$$\text{maximize RM} \tag{6.1}$$

Subject to

$$\sum_{m=1}^{M_i} \sum_{t=e_i}^{l_i} x_{imt} = 1 \,,\ 1 \leqslant i \leqslant n \tag{6.2}$$

$$\sum_{m=1}^{M_i} \sum_{t=e_i}^{l_i} (t + d_{im}) x_{imt} \leqslant \sum_{m=1}^{M_j} \sum_{t=e_j}^{l_j} t x_{jmt} \,,\ (i,\ j) \in E \tag{6.3}$$

$$\sum_{i=1}^{n} \sum_{m=1}^{M_i} r_{im} \sum_{s=\max\{t-d_{im},e_i\}}^{\min\{t-1,l_i\}} x_{ims} \leqslant a \,,\ 1 \leqslant t \leqslant T \tag{6.4}$$

$$\sum_{t=e_n}^{l_n} t x_{n1t} \leqslant \text{deadline} \tag{6.5}$$

$$x_{imt} \in \{0,\ 1\} \,,\ 1 \leqslant i \leqslant n,\ 1 \leqslant m \leqslant M_i,\ 0 \leqslant t \leqslant T \tag{6.6}$$

式（6.1）为目标函数。由式（6.2）给出的约束条件确保每个活动都被精确地分配到一个执行模式和一个活动开始时间。约束条件（6.3）和约束条件（6.4）表示时序约束和资源约束。约束条件（6.5）确保项目应在完工期限前完成。式（6.6）确保决策变量为二进制值。

第三节 求解基于 FS 鲁棒调度模型的二阶段启发式算法

一、差分进化算法

差分进化算法 DE 由斯托恩和普里斯（Storn and Price，1997）提出，是一种简单而有效的求解非线性、不可微和多模态优化问题的进化算法，近年来被广泛应用于许多领域，如热传导（Babu and Sastry，1999）、气动设计（Rogalsky and Derksen，2000）、齿轮设计（Jouni and Ivan，1999）、电力分配（Chang and Chang，2000；Chiou et al.，2004）等。该算法结合了简单的算术运算和三种经典的变异、交叉和选择运算，变异和交叉算子用于生成新的向量，选择算子用于确定哪些向量可以在下一代中保留。根据斯托恩和普里斯（1997），DE算法的基本策略可以描述如下：

（一）种群规模

将一组 D 维参数称为一个个体，由 D 维参数向量表示。一个种群包含 N_p 个参数向量 $X_{i,G}(i=1, 2, \cdots, N_p)$。在初始状态，随机生成第 0 代种群：$X_{i,0} = \{X_{1,0}, X_{2,0}, \cdots, X_{N_p,0}\}$，其中 $X_{i,G} = (X_{1i,G}, X_{2i,G}, \cdots, X_{Di,G})$ 表示第 G 代种群中的第 i 个个体。N_p 表示种群规模，下标 i 和 G 分别表示种群和世代，在算法执行过程中，初始种群规模将被调整。

克诺布洛克等（Knobloch et al.，2017）通过一个例子表明，DE 算法一般不能保证收敛到函数的全局最小值，最直接的改进方法是用随机个体替换每个种群中的一些个体，限制过早收敛。在本章中，为了保持种群多样性，防止过早收敛，一些相同的个体会被删除，而一些新的个体将被随机生成并纳入成为下一代种群。

（二）变异

DE 算法从一些不同的个体 $P_{rj,G}$ 开始产生后代 $P_{i,G+1}$。现有文献中已经提出了大量的变异方案（Ali，2011；Cai and Wang，2013；Epitropakis et al.，2011；Gong et al.，2014；Islam et al.，2012），如 DE/rand/1、DE/best/2 等。本章选择了 DE/rand/1 的方案。变异如下：

$$V_{i,G+1} = P_{r1,G} + F(P_{r2,G} - P_{r3,G}) \tag{6.7}$$

在式（6.7）中，F 是一个称为比例因子的控制参数，其值在 0 ~ 1 之间。r_1、r_2 和 r_3 是在 1 和 Np 之间随机选择的整数且 $r_1 \neq r_2 \neq r_3 \neq i$。$V_{i,G}$ 是

第 G 代的第 i 个变异向量，$P_{r1,G}$、$P_{r2,G}$、$P_{r3,G}$ 分别是第 G 代的第 r_1、r_2、r_3 个个体。

（三）交叉

本步由变异向量 $V_{i,G+1}$ 与目标向量 $P_{i,G}$ 进行交叉，得到一个试验向量。具体公式如下：

$$U_{ji,G+1} = \begin{cases} V_{ji,G+1} & \text{if } rand(0,1) \leqslant C_R \text{ or } j = j_{rand} \\ P_{ji,G} & \text{otherwise} \end{cases} \tag{6.8}$$

在式（6.8）中，$U_{ji,G+1}$ 是第（G+1）代中第 i 个试验向量的第 j 个元素。C_R 为设置在 [0，1] 区间内的交叉因子，rand（0，1）为在 [0，1] 区间内均匀分布产生的随机数，j_{rand} 为在 [1，D] 区间内随机选择的整数。

通过将交叉因子与输出的随机数进行比较，确定试验向量的每个元素的来源。如果随机数小于或等于交叉因子，则试验参数从变异向量 $V_{i,G+1}$ 继承；否则，参数从目标向量 $P_{i,G}$ 复制。

（四）选择和适合度评价

为了决定试验向量是否会产生下一代，选择如下：

$$P_{ji,G+1} = \begin{cases} U_{i,G+1} & \text{if } f(U_{i,G+1}) < f(P_{i,G}) \text{ or } f(U_{i,G+1}) = f(P_{i,G}) \\ & \text{and } Z(U_{i,G+1}) < Z(P_{i,G}) \\ P_{i,G} & \text{otherwise} \end{cases} \tag{6.9}$$

式（6.9）中，f(x) 为基于鲁棒性目标函数的适应度函数。Z(x) 为项目调度的完成时间。

一旦当前种群被更新，它会通过变异、交叉和选择再次进化，直到达到预先设定的终止标准。

二、时间缓冲技术

时间缓冲方法首次由高德拉特（1997）提出，包括将原始活动时间估计减半，将任意链节省的一半时间累计为各自的项目缓冲或接驳缓冲，然后将这些缓冲粘贴到相应链的末尾（也称为剪贴法）。该方法的主要概念是通过在基准调度计划中插入时间缓冲来保证项目按时完成，可以被看作兼顾"质"的鲁棒性和"解"的鲁棒性的方法。项目缓冲是为了保证项目完成时间（"质"的鲁棒性），而接驳缓冲旨在保护关键链不受不确定性的影响（"解"的鲁棒性）。纽博尔德（Newbold，1998）提出了另一种名为 RSEM 的时间缓冲方法，该方法假设缓冲区大小为链上每个活动的悲观时间与乐观时间之间的偏差平方和的平方根。自此，大量的研究探索了计算缓冲区大小的方法（Tukel et al.，2006；Ashtiani et al.，2007；Bie et al.，2012；Jovanovi'c et al.，2017）和缓冲方法的应用（Yeo and Ning，2002；Umble and Umble，2006；Yang，2007；Kuo et al.，2009）。然而，上述研究中的大多数缓冲方法都可以看作集中缓冲。有研究提出了另一种称为 ADFF 的方法，它在每个活动之前插入一个时间缓冲区，这种时间缓冲方法可以被看作分散缓冲，并被证明是一个在不确定性较大情况下生成鲁棒项目调度的好方法（Herroelen and Leus，2004）。后来，其他一些研究人员继续研究分散缓冲方法（Van de Vonder et al.，2005；Van de Vonder et al.，2006；Lambrechts et al.，2008a；Zhao et al.，2020）。总之，时间缓冲方法在研究界和实业界都得到了广泛的应用，也被证明是一种有效的项目规划、实施和控制的管理方法。本章将采用时间缓冲方法来调整自由时差的大小，增强项目调度计划的鲁棒性。

三、基于差分进化和时间缓冲技术的二阶段启发式算法

为了求解本章提出的基于时差的鲁棒模型，设计一种基于时间缓冲方法和 DE 的两阶段算法，算法流程如图 6 - 1 所示，下面通过一个简单的例子，详细说明本章算法如何求解加权递减自由时差效用鲁棒模型（RM7）。本例的项目网络图如图 6 - 2 所示，其中资源可用量为 10 个单位，项目完工期限为 37 天。求解流程基于达马克等（2009）中描述的过程。

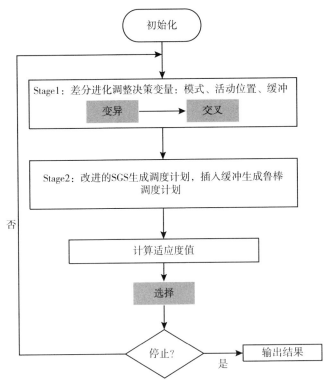

图 6-1 两阶段算法流程

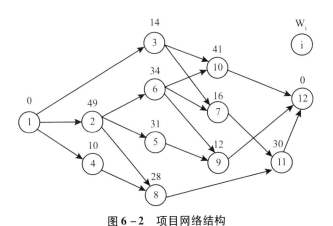

图 6-2 项目网络结构

初始化：初始种群是根据时序约束随机生成的。一个解由三个向量来表示：第一个向量代表模式分配，第二个向量是包含序列中每个任务位置的位置向量，第三个向量是包含在每个任务前插入的缓冲区大小的缓冲向量。图 6 - 3 展示了实例的解的表达。

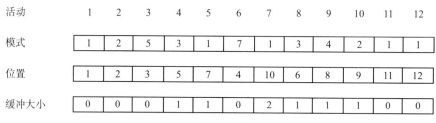

图 6 - 3　解的表达

阶段 1：调整模式分配，通过变异和交叉运算确定活动在序列中的位置和缓冲区大小。

步骤 1：对模式分配向量、活动位置向量和缓冲区大小向量进行变异运算。

第一代生成模式分配、活动位置和缓冲区大小的 N_p 个向量，从中随机选择三个可行解 $x_{jr1,G}$、$x_{jr2,G}$、$x_{jr3,G}$。每个解由三个分别代表模式分配、活动位置以及缓冲区大小的向量表示，如图 6 - 4 所示。在本例中，设 $F = 0.4$，变异向量由式（6.7）得到，其中模式分配和缓冲区大小向上取整。

步骤 2：对模式分配向量、活动位置向量和缓冲区大小向量进行交叉运算。

试验向量（模式分配向量、活动位置向量和缓冲区大小向量）通过将变异向量中的一些元素复制到目标向量中生成，概率分别为 C_{Rm}、C_{Rp} 和 C_{Rb}，在本例中，设 $C_{Rm} = C_{Rp} = C_{Rb} = 0.9$。目标向量中每个元素 j 的具体复制概率从区间（0，1）中随机生成，如果随机数小于 0.9，则元素从变异向量中获得参数，否则就从目标向量中获得参数。比如对于活动 1 来说，随机数 0.41 小于 0.9，则变异向量中的元素（1，1，0）复制到了试验向量中。图 6 – 5（a）为生成的试验向量，其中模式向量中活动 7 的值为 0，这意味着该活动未被选择。然而，项目中的每个活动都应该参加排序（这意味着除了虚活动，每个活动模式对应的值不为 0），因此必须调整这个值［见图 6 – 5（b）］。同理，如果缓冲区大小试验向量的值为负，也需要将其设置为 0。

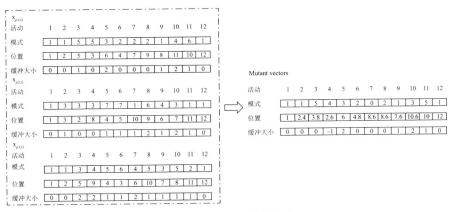

图 6 – 4　变异向量的构建

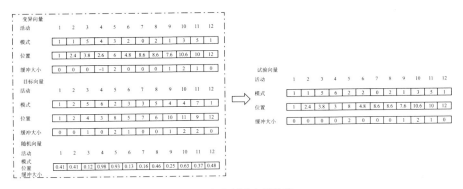

（a）试验向量构建

（b）试验向量调整

图 6 - 5　试验向量的构建与调整

阶段 2：生成鲁棒调度计划。

步骤 3：在变异和交叉操作之后，通过应用串行调度产生方案（SGS）并在每个活动之前插入缓冲区，生成鲁棒调度计划。

在本例中，根据图 6 - 5（b）中调整后的试验向量的信息，通过应用串行调度生成机制（SGS）并插入缓冲区生成鲁棒调度计划（Lambrechts et al.，2008b）（见图 6 - 6）。

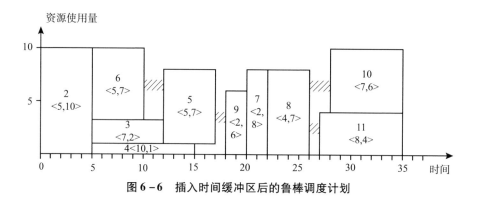

图 6 - 6　插入时间缓冲区后的鲁棒调度计划

步骤 4：基于鲁棒目标函数（RM）计算每个基于时差的鲁棒模型的适应值。

根据鲁棒调度计划，通过自由时差计算方法得出每个活动的自由时差（见表 6 - 2），进而计算得出自由时差效用。随机确定每个活动的不确定性权重（表 6 - 2），然后计算其 CIW 值。最后，计算得到调整后的试验向量的适应值为 208.34。用同样的方法得到目标向量的适应值为 168.39。

表 6－2　基于 RM7 的试验向量适应值

活动序号	1	2	3	4	5	6	7	8	9	10	11	12
开始时间	0	0	5	5	12	5	20	22	18	28	27	35
模式 t	1	3	5	6	5	4	1	6	4	4	1	1
位置序列	1	2	3	4	5	6	10	8	9	7	11	12
缓冲大小	0	0	0	0	1	2	2	1	1	0	1	0
自由时差 (FS)	0	0	8	7	1	2	0	1	0	2	2	0
权重 (w)	0	2	3	6	2	4	5	4	7	6	2	50
自由时差效用 $\left(\sum_{j=1}^{FS_i} e^{-j}\right)$	0	0	0.5818	0.5814	0.3679	0.5032	0	0.3679	0	0.5032	0.5032	0
CIW	0	82	66	62	59	74	57	56	57	56	52	50
$\mathrm{CIW}_i \sum_{j=1}^{FS_i} e^{-j}$	0	0	38.39	36.05	21.70	37.24	0	20.60	0	28.17	26.16	0

$$\mathrm{RM7} = \sum_{i=1}^{n} \mathrm{CIW}_i \sum_{j=1}^{FS_i} e^{-j} = 208.34$$

步骤5：如果调整后的试验向量的适应值大于目标向量的适应值，则选择调整后的试验向量代替目标向量作为新的目标向量，进入阶段1。否则，如果达到了预先设定的1000次迭代终止准则，则输出最优鲁棒基准调度计划。

当产生不可行解时，适应值函数通常增加一个惩罚函数，现有文献中有许多关于惩罚函数的方法（Damak et al.，2009）。根据问题特征，定义惩罚函数为 $Penalty = w_n \times max(0, s_n - duedate)$，其中 s_n 为项目持续时间，w_n 为惩罚权重。由于模型的目标是最大化 RM，因此不可行解的适应值函数表示为 $Fitness = RM - Penalty$。由此，任何解的不可行程度都转化为惩罚，惩罚大小与不可行水平成比例增长，从而将搜索引向可行解空间。

在本例中，由于调整后的试验向量的适应值（208.34）大于目标向量的适应值（168.39），因此选择调整后的试验向量作为新的目标向量，并进入阶段1。继续重复阶段1和阶段2，直到达到预先设定的终止标准1000次迭代。最后，如图6-7所示，得到基于RM7模型下实例的最优鲁棒调度计划，代理指标值为307.8537。

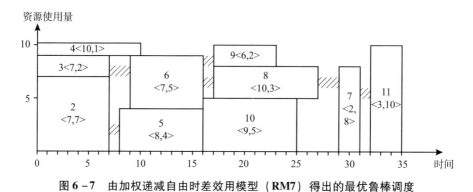

图6-7 由加权递减自由时差效用模型（RM7）得出的最优鲁棒调度

第四节 基于 FS 的 DTRTP 鲁棒项目调度实验设计

在第三节中，通过一个简单的例子说明了两阶段算法获得鲁棒调度计划的有效性。在本节中,将进行计算实验,以找出在考虑不同水平的工作量不确定性、完工期限和加权参数的情况下,哪种基于自由时差的鲁棒模型可以生成鲁棒性更优的调度计划。为此,本节构建了一个测试实例集,描述四个绩效指标,解释了如何执行模拟的详细步骤。

一、测试实例集的构建

为了进行模拟,将活动数(ActN)、项目密度(OS)、工作量和资源可获得量(ReAvail)作为控制参数生成 DTRTP 测试实例(控制参数见表 6 - 3)。本研究使用 RanGen 软件包生成 4 个具有 ActN 和 OS 参数的项目网络。设 ActN 分别为 10、15 和 20,设 OS 分别为 0.25、0.5 和 0.75,总共得到 36 个(3 × 3 × 4)项目网络。对于每一个网络(分别表示一个项目的时序约束),设定其工作量为 μ_i(从 10 ~ 50 的均匀分布中随机生成),将资源可获得量设为 10、15 和 20,由此共计得到 108 个(36 × 3)DTRTP 实例。

二、绩效指标

本章选择平均项目工期(APL)、项目按时完工率(TPCP)和稳定性成本(SC)作为评估由基于时差的鲁棒模型获得的鲁棒调度计划的绩效指标。APL 是指在满足所有资源和时序约束的情况下,整个项目的平均完

工时间,定义为 $\mathrm{APL} = \dfrac{\sum\limits_{t=1}^{N} S_{nt}}{N}$,其中 S_{nt} 为第 t 次模拟运行中虚结束活动的开始时间,N 为模拟运行次数。TPCP 指在完工期限内完成项目的概率(完工期限设为分别相对于项目基于关键路径得到的下界高 30%、40% 和 50%,见表 6 - 3),定义为 $\mathrm{TPCP} = P(S_{nt} \leqslant \mathrm{duedate})$。SC 是惩罚成本,度量活动实际开始时间偏离计划开始时间的总和,函数表示为 SC =

$$\frac{\sum_{t=1}^{N}\sum_{i=1}^{n}w_i\,|\,S_{it}-s_i\,|}{N}$$，其中 s_i 指活动 i 的计划开始时间，S_{it} 指活动 i 在第 t 次模拟运行中的实际开始时间，w_i 是活动 i 的惩罚权重。每个活动的权重是从 1 到 10 的均匀分布中随机生成的，结束活动 n 的权重设为 $w_n=WP$，其中 WP 设置为三个水平，即 50、75 和 100（见表 6 - 3）。本章使用两个不同的稳定性成本绩效指标 SC1 和 SC2 来评估惩罚成本，SC1 和 SC2 均由 SC 函数计算，不同的是 SC1 不考虑虚结束活动，而 SC2 考虑虚结束活动的惩罚成本，强调在完工期限内完成项目的重要性。对于这四个绩效指标，平均项目工期和稳定成本越小，项目按时完工率越大，项目的结果越好。

表 6 - 3　　　　　　　　　　　　　实验参数设定

项目案例参数设定

项目活动数 （ActN）	资源种类	网络复杂度 （OS）	资源可用量 （a）	工作量 （μ_i）	案例数量 （ID）
10，15，20	1	0.25，0.5，0.75	10，15，20	U[10，50]	108

二阶段算法参数设定

种群数量 （N_p）	变异因子 （F）	变异方案	交叉因子 （Cr）	迭代次数
n	F = 0.4	DE/rand/1	0.9	100 * ActB

仿真参数设定

仿真模拟 次数	工作量 不确定性 （σ_i）	截止完工期	δ	活动权重 （w_i）	尾活动权重 （$w_n=WP$）
1000	U[1，3]， U[3，5]， U[5，7]	$(1+\delta)\times LB$	0.3，0.4，0.5	U[1，10]	50，75，100

三、模拟步骤

根据上述原则，对 108 个 DTRTP 实例（每个活动的工作量都预先分配）进行蒙特卡罗模拟。

（一）生成鲁棒调度计划

在预先设定的允许迭代次数 100ActN 内，通过基于 DE 算法和时间缓冲方法的两阶段算法，为每个基于自由时差的鲁棒模型生成鲁棒基准调度计划。经过多次试验，两阶段算法的参数值固定如下（见表 6 – 3）：选择 DE/rand/1 方案（具体见本章第三节）；设变异因子 F = 0.4，为差向量 $P_{r2,G} - P_{r3,G}$ 的比例因子。F 对该过程的执行有相当大的影响：F 值过小会导致过早收敛，而 F 值偏高则会减慢搜索速度。交叉因子固定在 0.9，表示试验个体遗传实际个体基因的概率。

（二）蒙特卡罗模拟

采用平均值（μ_i）和标准偏差（σ_i）的正态分布模拟仿真中每个活动的工作量，当工作量为负数时，就会重新生成新的工作量。工作量不确定性分为三个水平，分别是 U[1，3]、U[3，5]和 U[5，7]。针对每个鲁棒基准调度计划，在三种不同水平的工作量不确定性、项目完工期限和权重参数 WP 下，根据时刻表策略进行 1000 次仿真运行，计算得出相应的 APL、TPCP、SC1 和 SC2。

■ 第五节　实验结果分析

第四节描述了在三种不同工作量不确定性水平、项目完工期限水平和权重参数 WP 水平下，基于 9 个鲁棒模型对 108 个算例进行蒙特卡罗仿真。本节首先从工作量不确定性、完工期限和权重参数 WP 三个角度的影响对结果进行分析。由于仅从平均结果分析得到的数据比较复杂，进一步使用 SAS PROC GLM 分析计算结果，比较 9 个鲁棒模型，并尝试比较哪个模型更好。

一、工作量不确定性的影响

图 6 – 8 为三种工作量不确定性水平下 9 个鲁棒模型的四个绩效指标，其中"高""中""低"表示工作量的不确定性水平，"RM"表示鲁棒模型。从图 6 – 8 可以看出，工作量不确定性越高，APL 越高，TPCP 越低，SC1 和 SC2 越高。此外，从图 6 – 8 的 APL 值可以看出，RM6 的 APL 最小，而 RM7 的 APL 次之。从图中的 TPCP 值来看，RM6 的 TPCP 最高，RM7

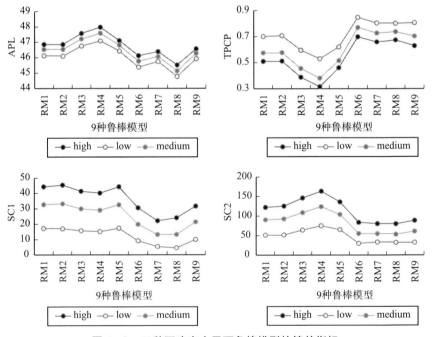

图 6 – 8 三种不确定水平下鲁棒模型的绩效指标

的 TPCP 次之。从图中的 SC1 值可以看出，RM7 和 RM8 的 SC1 最小，RM6 和 RM9 的 SC1 次之。从图 6 - 8 的 SC2 值可以看出，RM6 和 RM7 的 SC2 最小，RM8 和 RM9 的 SC2 次之。综上所述，考虑 APL、TPCP、SC1 和 SC2，可以得出结论：RM6、RM7 和 RM8 比其他 6 个 RM 模型绩效表现更好。

二、项目完工期限的影响

图 6 - 9 为三种不同项目完工期限水平下，9 个鲁棒模型的四个绩效指标，其中 0. 3、0. 4、0. 5 表示项目完工期限水平，"RM" 表示鲁棒模型。从图 6 - 9 可以看出，项目完工期限水平越低，APL 越低，TPCP 越低，SC1 和 SC2 越高。此外，从图 6 - 9 的 APL 值来看，RM6 和 RM7 的 APL 最小，RM8 和 RM9 的 APL 次之。从图 6 - 9 的 TPCP 值来看，RM6 的 TPCP 最高，RM7 和 RM8 的 TPCP 次之。从图中的 SC1 值可以看出，RM7

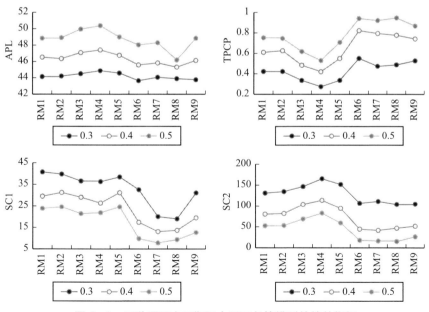

图 6 - 9　三种项目完工期限水平下鲁棒模型的绩效指标

的 SC1 最小，RM6 和 RM8 的 SC1 次之。从图中的 SC2 值可以看出，RM6
和 RM7 的 SC2 最小，RM8 和 RM9 的 SC2 次之。综上所述，可以再次得出
结论：考虑 APL、TPCP、SC1 和 SC2，RM6、RM7 和 RM8 比其他 6 个 RM
模型绩效表现更好。

三、权重参数 WP 的影响

图 6－10 为三种不同 WP 水平下，9 个鲁棒模型的四个绩效指标，其
中 50、75、100 表示 WP 水平，"RM"表示鲁棒模型。从图 6－10 可以看
出，WP 水平对 APL、TPCP 和 SC1 没有显著影响。由于 WP 是虚结束活动
的加权参数，很明显，WP 越低，SC2 越低。此外，根据图 6－10 的 APL
值，可以发现 RM6 的 APL 最小，而 RM7 和 RM8 的 APL 次之；从 TPCP 值
来看，RM6 的 TPCP 最高，RM7 和 RM8 的 TPCP 次之。从 SC1 值可以看出，

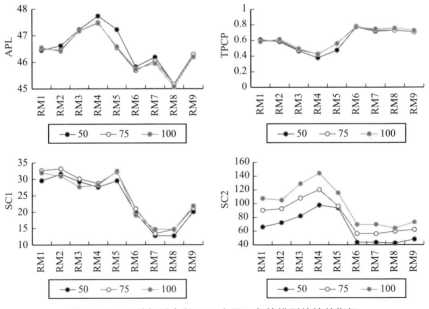

图 6－10　三种权重参数 WP 水平下鲁棒模型的绩效指标

RM7 的 SC1 最小，RM6 和 RM8 的 SC1 次之；从 SC2 值可以看出，RM6 和 RM7 的 SC2 最小，RM8 和 RM9 的 SC2 次之。综上所述，可以再次得出结论：考虑 APL、TPCP、SC1 和 SC2，RM6、RM7 和 RM8 比其他 6 个 RM 模型绩效表现更好。

四、SAS 模型及计算结果分析

由于结果数据嵌套在鲁棒模型、工作量不确定性、项目完工期限和权重参数 WP 四个层次上，很难仅从平均值来分析计算结果。特别是，项目完工期限与权重参数 WP 之间存在一定的相关性。此外，由于绩效指标的结果不一定服从正态分布，因此构建 SAS PROC GLM 模型来分析四个绩效指标，并分析哪个鲁棒模型绩效表现更好。

设模型为 $Y_{ijklm} = \mu + \alpha_i + \beta_j + \gamma_k + \varphi_l + (\gamma\varphi)_{kl} + \varepsilon_{ijklm}$，其中 i = 1，2，…，9；j = 1，2，3；k = 1，2，3；l = 1，2，3；m = 1，2，…，108。Y_{ijklm} 是因变量，反映绩效指标的影响程度；μ 是总体均值，α_i、β_j、γ_k、φ_l 和 $(\gamma\varphi)_{kl}$ 分别是鲁棒模型、工作量不确定性、项目完工期限、WP 和项目完工期限 × WP 对鲁棒模型的固定效应；ε_{ijklm} 是误差项，服从参数为 $(0，\sigma_\varepsilon^2)$ 的正态分布。

关于四个绩效指标的 SAS PROC GLM 语句见表 6 - 4，显著性水平设为 0.05。APL 绩效指标的 SAS PROC GLM 输出如表 6 - 5 所示，其他三个绩效指标的 SAS PROC GLM 输出见附录 1。

表 6 - 4   四个绩效指标的 SAS PROC GLM 语句

```
proc glm;
class   RM   Uncertainty   Duedate   WP   ID;
model   APLr   TPCPr   SC1r   SC2r =   RM   Uncertainty   Duedate   WP   ID   Duedate × WP;
means   RM   Uncertainty   Duedate   WP/snk;
run;
```

表 6-5 APL 绩效指标的 SAS PROC GLM 输出

The GLM Procedure

Dependent variable: APLr Rank for Variable APL

Sum of

Source	DF	Squares	Mean Square	F value	Pr > F
Model	18	95458319.2	5303240.0	4129.46	<0.0001
Error	26225	33679329.3	1284.2		
Corrected Total	26243	129137648.5			

	R – Square	Coeff Var	Root MSE	APL Mean
	0.739198	29.37407	35.83637	122.0000

Source	DF	Type I SS	Mean Square	F Value	Pr > F
RM	8	12870352.17	1608794.02	1252.72	<0.0001
Uncertainty	2	2459144.22	1229572.11	957.43	<0.0001
Duedate	2	80072711.98	40036355.99	31175.0	<0.0001
WP	2	45242.42	22621.21	17.61	<0.0001
Duedate × WP	4	10868.38	2717.09	2.12	0.0761

续表

Source	DF	Type III SS	Mean Square	F Value	Pr > F
RM	8	12870352.17	1608794.02	1252.72	<0.0001
Uncertainty	2	2459144.22	1229572.11	957.43	<0.0001
Duedate	2	80072711.98	40036355.99	31175.0	<0.0001
WP	2	45242.42	22621.21	17.61	<0.0001
Duedate × WP	4	10868.38	2717.09	2.12	0.0761

The GLM Procedure

Student – Newman – Keuls Test for APLr

NOTE.: This test controls the Type I experiment wise error rate under the complete null hypothesis but not under partial null

Alpha		0.05
Error Degrees of Freedom		26225
Error Means Square		1284.245

Number of Means	2	3	4	5	6	7	8	9
Critical Range	1.8395574	2.1997435	2.4112516	2.5602589	2.674714	2.7672835	2.8447819	2.9112919

Means with the same letter are not significantly different.

续表

SNK Grouping	Mean	N	RM
A	163.3320	2916	4
B	149.5430	2916	3
C	127.8491	2916	5
C	127.0386	2916	2
D	122.5358	2916	1
E	111.3061	2916	9
F	108.6512	2916	8
G	96.3170	2916	7
H	91.4271	2916	6

从表 6-5 可以清楚地看出，SAS PROC GLM 很好地拟合了模型，$R^2 = 0.739198$。RM、工作量不确定性、项目完工期限和 WP 固定效应的 p 值均小于 0.05，因此可以拒绝相应的原假设。也就是说，在 9 个鲁棒模型中，3 个不确定性级别、完工期限和 WP 水平下的 APL，存在显著差异。由于项目完工期限 × WP 固定效应的 p 值大于 0.05，说明项目完工期限与 WP 之间不存在交叉效应。从 "Student – Newman – Keuls Test for APLr" 可以看出，将其分为 8 组（A、B、C、D、E、F、G、H），RM5 与 RM2 在 5% 的显著性水平上无显著差异。可以得出 RM6 < RM7 < RM8 < RM9 < RM1 < RM2 = RM5 < RM3 < RM4；"RM6 < RM7" 表示 RM6 的平均秩显著小于 RM7 的平均秩，" = " 表示两个鲁棒模型之间无显著差异。

由表 6-5 和附录 1 可知，针对 4 个绩效指标鲁棒模型的比较关系如表 6-6 所示。从表 6-6 可以看出，对于 APL 和 TPCP 两个指标，RM6 绩效表现最好，而对于 SC1 指标，RM7 绩效表现最好。当考虑 SC2 时，RM7 和 RM6 绩效表现最好。

表 6-6　　　　　　　　　针对四个绩效指标鲁棒模型的比较关系

绩效指标	鲁棒模型
APL	RM6 < RM7 < RM8 < RM9 < RM1 < RM2 = RM5 < RM3 < RM4
TPCP	RM6 > RM8 > RM7 > RM9 > RM1 = RM2 > RM5 > RM3 > RM4
SC1	RM7 < RM8 < RM6 < RM9 < RM3 < RM4 < RM1 < RM2 < RM5
SC2	RM7 = RM6 < RM8 < RM9 < RM1 < RM2 = RM5 < RM3 < RM4

综上所述，RM6、RM7 和 RM8 是所有模型中鲁棒性最优的，基于自由时差效用的鲁棒模型可以生成鲁棒性更优的调度计划，在所有鲁棒模型中具有最好的绩效表现。这些结果表明，对于项目经理来说，将缓冲区分布在项目网络中的不同活动上更为明智，因为活动前任何额外的缓冲区在保护项目完工期限以及后续活动的开始时间方面显示出递减的边际值。

第六节 本 章 小 结

本章研究了在工作量不确定的情况下，如何在给定项目完工期限内为DTRTP生成鲁棒项目调度。本章采用9个基于自由时差的衡量指标作为"解"的鲁棒性的代理指标，提出了一种基于差分进化（DE）和时间缓冲的两阶段算法来处理9个基于不同衡量指标的鲁棒模型。利用SAS PROC GLM软件对计算结果进行了分析，SAS输出结果表明，基于自由时差效用函数（RM6、RM7和RM8）的鲁棒模型是有效的，在考虑APL、TPCP、SC1和SC2的情况下，可以在大多数项目中生成鲁棒性更优的基准调度计划。同时，本章详细研究了工作量不确定性、项目完工期限和权重参数WP的影响。结果表明：（1）工作量不确定性越大，APL越高，TPCP越低，SC1和SC2越高；（2）项目完工期限越低，APL和TPCP越低，SC1和SC2越高；（3）WP越低，SC2越低；（4）在工作量不确定性、项目完工期限和WP 3种不同水平下，根据9个鲁棒模型得出的4个绩效指标的均值，考虑到APL、TPCP、SC1和SC2，也可以得出RM6、RM7和RM8优于其他6个模型，这与SAS输出的结论一致。

本章的工作可以从以下几个方面进一步扩展：（1）开发新的算法以高效生成高质量的鲁棒基准调度计划；（2）提出新的时差代理指标；（3）考虑鲁棒模型的多目标版本，不仅使用基于时差的鲁棒代理指标，还使用其他鲁棒度量；（4）考虑其他绩效指标。

附 录 一

表 A1-1　TPCP 的 GLM 程序总体统计信息

The GLM Procedure

Dependent variable: TPCPr Rank for Variable TPCP

Sum of

Source	DF	Squares	Mean Square	F value	Pr > F
Model	18	7162703.3	3979289.1	1833.03	<0.0001
Error	26225	56931458.2	2170.9		
Corrected Total	26243	128558661.5			

R-Square	Coeff Var	Root MSE	TPCPr Mean
0.557156	38.19078	46.59276	122.0000

Source	DF	Type I SS	Mean Square	F Value	Pr > F
RM	8	46796920.29	5849615.58	2694.58	<0.0001
Uncertainty	2	9840906.25	4920453.13	2266.57	<0.0001
Duedate	2	14941424.74	7470712.37	3441.32	<0.0001
WP	2	41237.31	20618.65	9.50	<0.0001
Duedate × WP	4	6714.72	1678.68	0.77	0.5424

续表

Source	DF	Type III SS	Mean Square	F Value	Pr > F
RM	8	46796920.29	5849615.58	2694.58	<0.0001
Uncertainty	2	9840906.25	4920453.13	2266.57	<0.0001
Duedate	2	14941424.74	7470712.37	3441.32	<0.0001
WP	2	41237.31	20618.65	9.50	<0.0001
Duedate × WP	4	6714.72	1678.68	0.77	0.5424

The GLM Procedure

Student – Newman – Keuls Test for TPCPr

NOTE: This test controls the Type I experiment wise error rate under the complete null hypothesis but not under partial null

Alpha	0.05
Error Degrees of Freedom	26225
Error Means Square	2170.885

Number of Means	2	3	4	5	6	7	8	9
Critical Range	2.3917059	2.860003	3.1349958	3.3287281	3.4775373	3.5978917	3.6986515	3.7851247

SNK Grouping		Mean	N	RM
	A	176.752	2916	6
	B	171.290	2916	7

Means with the same letter are not significantly different.

续表

SNK Grouping	Mean	N	RM
C	155.442	2916	8
D	152.319	2916	9
E	112.140	2916	1
E	105.661	2916	2
F	105.021	2916	5
G	68.782	2916	3
H	50.594	2916	4

表 A1 - 2　SC1 的 GLM 程序总体统计信息

The GLM Procedure

Dependent variable: SC1r Rank for Variable SC1

Source	DF	Sum of Squares	Mean Square	F value	Pr > F
Model	18	84699648.7	4705535.8	2776.97	<0.0001
Error	26118	44437962.8	1694.5		
Corrected Total	26243	129137606.5			

R - Square	Coeff Var	Root MSE	SC1r Mean
0.655887	33.74112	41.16417	122.0000

131

Source	DF	Type I SS	Mean Square	F Value	Pr > F
RM	8	47387020. 40	5923377. 55	3495. 67	< 0. 0001
Uncertainty	2	26062527. 41	13031263. 71	7690. 38	< 0. 0001
Duedate	2	11221677. 27	5610838. 64	3311. 23	< 0. 0001
WP	2	16763. 73	8381. 86	4. 95	< 0. 0001
Duedate × WP	4	11654. 89	2913. 72	1. 72	< 0. 1425
Source	DF	Type III SS	Mean Square	F Value	Pr > F
RM	8	47387020. 40	5923377. 55	3495. 67	< 0. 0001
Uncertainty	2	26062527. 41	13031263. 71	7690. 38	< 0. 0001
Duedate	2	11221677. 27	5610838. 64	3311. 23	< 0. 0001
WP	2	16763. 73	8381. 86	4. 95	< 0. 0001
Duedate × WP	4	11654. 89	2913. 72	1. 72	< 0. 1425

The GLM Procedure

Student – Newman – Keuls Test for SC1r

NOTE：This test controls the Type I experiment wise error rate under the complete null hypothesis but not under partial null

Alpha	0. 05
Error Degrees of Freedom	26225
Error Means Square	1694. 489

续表

Number of Means	2	3	4	5	6	7	8	9
Critical Range	2.1130448	2.5267798	2.7697328	2.9408931	3.0723643	3.1786961	3.2677162	3.3441143

Means with the same letter are not significantly different.

SNK Grouping	Mean	N	RM
A	173.843	2916	5
B	168.345	2916	2
C	158.308	2916	1
D	146.705	2916	4
D	144.912	2916	3
E	96.926	2916	9
F	75.103	2916	6
G	72.689	2916	8
H	61.162	2916	7

表 A1－3　SC2 的 GLM 程序总体统计信息

The GLM Procedure

Dependent variable: SC2r Rank for Variable SC2

Sum of

续表

Source	DF	Squares	Mean Square	F value	Pr > F
Model	18	88134156. 7	4896342. 0	3131.59	<0. 0001
Error	26225	41003642. 8	1563. 5		
Corrected Total	26243	129137799. 5			
	R – Square	Coeff Var	Root MSE	SC1r Mean	
	0. 682481	32. 41109	39. 54153	122. 000	
Source	DF	Type I SS	Mean Square	F Value	Pr > F
RM	8	51785402. 39	6473175. 30	4140. 10	<0. 0001
Uncertainty	2	19075198. 80	9537599. 40	6100. 03	<0. 0001
Duedate	2	14818985. 31	7409492. 65	4738. 94	<0. 0001
WP	2	2383723. 10	1191861. 55	762. 29	<0. 0001
Duedate × WP	4	70847. 11	17711. 78	11. 33	<0. 0001
Source	DF	Type III SS	Mean Square	F Value	Pr > F
RM	8	51785402. 39	6473175. 30	4140. 10	<0. 0001
Uncertainty	2	19075198. 80	9537599. 40	6100. 03	<0. 0001
Duedate	2	14818985. 31	7409492. 65	4738. 94	<0. 0001
WP	2	2383723. 10	1191861. 55	762. 29	<0. 0001
Duedate × WP	4	70847. 11	17711. 78	11. 33	<0. 0001

续表

The GLM Procedure

Student – Newman – Keuls Test for SC2r

NOTE: This test controls the Type I experiment wise error rate under the complete null hypothesis but not under partial null

	Alpha	0.05
	Error Degrees of Freedom	26225
	Error Means Square	1653.533

Number of Means	2	3	4	5	6	7	8	9
Critical Range	2.0297514	2.421776	2.6605537	2.8249671	2.9512558	3.0533962	3.1389072	3.2122938

Means with the same letter are not significantly different.

SNK Grouping	Mean	N	RM
A	182.570	2916	4
B	167.037	2916	3
C	154.406	2916	5
C	153.271	2916	2
D	143.704	2916	1
E	88.852	2916	9
F	79.673	2916	8
G	65.026	2916	6
G	63.463	2916	7

第七章

基于 STC 指标和缓冲方法的 DTRTP 鲁棒项目调度

第一节 引 言

第六章介绍了基于自由时差的模型生成鲁棒基准调度计划，求解工作量不确定下的离散时间/资源权衡问题（DTRTP）。本章引入范德冯德等（2008）关于活动开始时间关键度（STC）的概念，提出了一种基于 STC 的 DTRTP 鲁棒模型，并在具有不同网络复杂度和资源可用性的大、中、小型的项目中进行计算实验，最后使用 SAS PROC Pairwise 进行统计分析。结果表明，基于 STC 的鲁棒模型是有效的且在大多数项目中稳定性成本和项目按时完工率表现优秀，生成鲁棒性更强的基准调度计划。

由前文可知，三种基于加权自由时差效用函数的鲁棒模型表现优于其他六种鲁棒模型，可以在大多数项目中制订鲁棒性更优的基准调度计划。将其中最简单的一个指标——自由时差效用指标（在本章后续中，用基于 FS 的鲁棒模型来表示），与 STC 替代指标进行比较。本章提出了一种基于 STC 的鲁棒模型，并提出了两种基于差分进化的算法来处理该模型。利用具有不同网络复杂度和资源可用性的大、中、小型项目进行大量的计算实验和分析，分别运用基于 STC 和基于 FS 的鲁棒模型来求解。

本章内容具体如下：首先，考虑工作量不确定下的 DTRTP 问题，改进了范德冯德等（2008）的 STC 替代指标，并制定了基于 STC 的鲁棒模型。其次，结合基本进化启发式算法，提出了两种求解基于 STC 的鲁棒模型的算法。最后，将基于 STC 的模型与基于 FS 的模型产生的鲁棒计划进行比较，分析其在不同特征项目中的适用性。

本章其余部分结构如下：第二节分别对 DTRTP 问题、鲁棒调度以及 STC 指标进行文献综述，构建了 DTRTP 鲁棒模型，包括范德冯德等（2008）提出的 STC 替代指标、改进的 STC 替代指标以及基于 STC 的鲁棒模型。第三节提出了求解基于 STC 的鲁棒模型的两种算法，并通过一个算例说明了所提算法的可行性和有效性。第四节为实验设置和结果分析，从三个方面对实验结果进行了分析：活动数量（ActN）的影响、资源可用性（ReAvail）的影响和网络复杂度（OS）的影响，总结了基于 STC 和基于 FS 的两种鲁棒模型的比较结果，以及基于 STC 的鲁棒模型的两种算法的比较结果。最后，在第五节中给出了总体结论和进一步研究的方向。

第二节　基于 STC 的鲁棒性指标与模型

在本节中，首先介绍活动开始时间关键度（STC）的概念。然后考虑将 STC 作为在 DTRTP 环境中的替代指标，并制定基于 STC 的稳健鲁棒模型。后文中使用的符号如表 7 – 1 所示。

表7-1   本章所使用的符号

符号	定义
$G(N, A)$	项目网络
W_i	活动 i 的工作量
M_i	活动 i 有效模式的数量
d_{im}	活动 i 在模式 m 下的持续时间，$1 \leq m \leq M_i$
r_{im}	活动 i 在模式 m 下的资源需求量
a	资源可用量
s_{im}	活动 i 在模式 m 下的开始时间
s_{im}^B	活动 i 在模式 m 下插入缓冲后的开始时间
γ_j	活动 j 不能按计划时间开始的概率
w_j	活动 j 晚于计划时间开始的惩罚权重
δ_n	预设的项目截止时间
D_i	活动 i 的工期
LPL_{ij}	i 到 j 最长路径中所有活动的工期和

一、范德冯德等的 STC 替代指标

在本章中，STC 的概念被应用到构建一个 DTRTP 鲁棒调度模型，并提出了一个算法，以制订一个鲁棒调度计划。STC 指标最早由范德冯德等（2008）提出，用来解决主动式 RCPSP 问题，然后夏特曼等（Schatteman et al.，2008）利用 STC 指标来规划不确定性下的建设项目。兰布雷希茨等（2011）总结了由于资源故障而增加的活动工期，并建议基于第一种替代目标函数来插入时间缓冲或使用 STC 启发式方法来解决该问题。梁等（Liang et al.，2020）采用 STC 作为衡量方案鲁棒性的替代指标，并为鲁棒调度问题开发了一种集成的双目标优化方法。STC 启发式已经获得了优异的结果，并已被证明是获得鲁棒调度计划的良好指标。然而，上述算法仅限于求解 RCPSP 问题。本章试图应用 STC 以求解 DTRTP 问题，并制订

鲁棒调度计划。

考虑将活动开始时间关键度（Van de Vonder et al., 2008）作为鲁棒性指标，STC 利用活动的权重和活动持续时间变动的信息，可用于求解随机活动持续时间下的 RCPSP 问题，生成具有时间缓冲的调度计划。每个活动 j 的 STC 定义如下：$STC_j = w_j \times Pr(S_j > s_j) = w_j \times \gamma_j$，其中 γ_j 表示活动 j 不能在其预定时间 s_j 开始的概率，w_j 表示对应活动的权重。由于概率 γ_j 不易计算，首先定义 $k(i, j)$ 为前序活动 i 干扰活动 j 的计划开始时间的概率，则具体公式为 $\gamma_j = P[k(i, j)] = \sum_{j \in PRED_i} Pr(D_i > s_j - s_i - LPL_{ij})$，其中 LPL_{ij} 表示扩展网络中活动 i 和 j 之间最长路径上所有活动的工期之和。

二、基于 STC 的鲁棒模型

鲁棒 DTRTP 的目的是生成一个可行的鲁棒调度计划。在单代号网络图（AON）上表示项目网络，格式为 G(N，A)，其中 N 表示活动 i = 1，…，n，弧 A 表示优先关系。只有一种类型的可再生资源，可用量为 a。不同于大多数项目每个活动都有固定的持续时间和资源需求，每个活动 i 指定了一个工作量 W_i，且其所有有效执行模式 M_i 都由时间/资源权衡决定。活动 i 在模式 $m(1 \leqslant m \leqslant M_i)$ 下执行，其持续时间为 d_{im}，相应的资源需求必须在每个周期内满足条件，使得 $r_{im} \times d_{im}$ 不小于 $W_i(r_{im} \times d_{im} \geqslant W_i)$。虚拟开始活动和虚拟结束活动只有一种执行模式，且活动持续时间和资源需求皆为零。鲁棒 DTRTP 是指在满足优先级、资源和完工期限的约束下，制订一个鲁棒调度计划，实现鲁棒最大化。

在本章中，将范德冯德等（2008）的 STC 指标作为替代指标，STC 越小，鲁棒性越强。因此，所提出的基于 STC 的 DTRTP 鲁棒模型的目标是最小化 $RM_{STC} = \sum_{j=1}^{n} STC_j$。然而，与 RCPSP 不同的是，DTRTP 环境中关注的是工作量而不是持续时间，在计划阶段生成基准调度计划时，必须将工作量转换为具有持续时间和相应资源需求的不同有效执行模式。在执行阶段，由于工作量的不确定性，可能会发生中断。因此，必须调整目标如下： $RM_{STC} = \sum_{j=1}^{n} STC_j = \sum_{j=1}^{n} w_j \sum_{i \in PRED_j} Pr[W_i > (s_{jm} - s_{im} - LPL_{ij}) \times r_{im}]$。

构建基于 STC 的 DTRTP 鲁棒模型如下：

$$x_{jm} = \begin{cases} 1, & \text{若活动 j 执行模式为 m} \\ 0, & \text{其他} \end{cases}$$

$$\text{minimize} \sum_{j=1}^{n} w_j \sum_{i \in PRED_j} Pr[W_i > (s_{jm} - s_{im} - LPL_{ij}) \times r_{im}] \qquad (7.1)$$

s. t.

$$\sum_{m=1}^{M_i} x_{jm} = 1, \quad \forall j \in N \qquad (7.2)$$

$$s_{jm} = \max[s_{jm}^B + \Delta_j, \max_{i \in PRED_j}(s_{im} + d_{im})], \quad \forall j \in N \qquad (7.3)$$

$$\sum_{j \in P(t)} r_{jm} x_{jm} \leqslant a, \quad \forall t \qquad (7.4)$$

$$S_{nm} \leqslant \delta_n \qquad (7.5)$$

$$x_{jm} \in \{0, 1\}, \ 1 \leqslant j \leqslant n, \ 1 \leqslant m \leqslant M_i \qquad (7.6)$$

式（7.1）表示模型的目标函数。式（7.2）~式（7.6）是 DTRTP 鲁棒模型的约束。式（7.2）确保每个活动被精确地分配一个模式。式（7.3）表示"时刻表"调度策略约束，既不允许活动 j 在其计划开始时间之前开始，也不允许在其任何前序活动之前开始。约束（7.4）指定资源约束，其中 P(t) 表示在时间段 t 期间正在进行的活动的集合。约束（7.5）保证整个项目应在完工期限之前完成。式（7.6）以二进制定义 x_{jm}。

因为 DTRTP 已经基本被证明是 NP - hard 的（De et al. ，1997），故本章研究的基于 STC 的鲁棒 DTRTP 也是 NP - hard 的。因此，在下面的章节中，提出了两种结合进化算子的启发式的算法来求解基于 STC 的 DTRTP 鲁棒模型。

第三节　求解基于 STC 鲁棒调度模型的二阶段启发式算法

本节开发了两种算法来求解基于 STC 的鲁棒 DTRTP 模型，一种是基于遗传算法和 STC 的算法（即 GA - STC 算法），另一种是基于差分进化和 STC 的算法（即 DE - STC 算法）。所提出的两种算法主要分为两个阶段，即第一阶段利用基本 GA/DE 算法，产生一个无缓冲的调度计划；第二阶段利用 STC 插入缓冲，产生一个鲁棒调度计划。程序 1 阐述了两种算法结合 GA/DE 和 STC 求解基于 STC 的鲁棒 DTRTP 模型的一般流程。本节中将展示算法的详细信息，并通过一个项目案例演示所提出的两种算法，其项目网络如图 7 - 1（a）所示。

程序 1：基于 GA/DE 和 STC 的鲁棒调度优化算法

初始化：随机生成满足前后关系约束的初始种群

第一阶段：使用基础 GA/DE 生成未加缓冲的调度计划。
步骤 1：在基于 GA - STC 的算法中，通过选择、交叉和变异调整模式分配和活动位置；在 DE - STC 的算法中，通过变异和交叉算子调整模式分配和活动位置。
步骤 2：通过 SGS 解码生成调度计划。
第二阶段：通过插入缓冲得到鲁棒调度计划。
步骤 3：通过改进的 STC 算法计算每个活动的缓冲大小。
步骤 4：将缓冲插入活动前，生成鲁棒调度计划。
步骤 5：计算该鲁棒计划的适应度值。
步骤 6：当预设的截止迭代条件未达到时，转向步骤 1；否则，停止迭代，输出最优鲁棒计划

一、解的表达

DTRTP 鲁棒模型的可行解可以由如下两个向量表示：

（1）模式分配向量：该向量定义了分配给每个活动的模式。每个活动每次应分配到一种模式，对应着相应的持续时间和资源需求。虚拟开始活

动和虚拟结束活动只有一种模式。虚拟活动的持续时间、资源需求和模式分配号为 0、0 和 1，如图 7-1（b）所示。

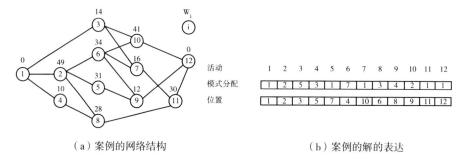

（a）案例的网络结构　　　　　　　（b）案例的解的表达

图 7-1　项目网络结构与解的表达

（2）位置向量：该向量定义了每个活动的开始顺序。这是一个优先可行的活动排列。每个活动都必须在不违反优先约束的情况下，排在其所有前序活动之后、后续活动之前。虚拟开始活动和虚拟结束活动分别为 1 和 12，如图 7-1（b）所示。

二、初始化

每个个体由一组 D 维参数向量表示，群体由 N_p 个个体组成。N_p 在最大化过程中保持不变。初始群体中的个体是随机选择的，并且应该覆盖整个参数空间。

本章利用两个向量，即模式分配向量 $X_{i,G} = x_{1i,G}$，$x_{2i,G}$，$x_{3i,G}$，…，$x_{Di,G}$，$i = 1$，2，…，N_p 和位置向量 $Y_{i,G} = \{y_{1i,G}$，$y_{2i,G}$，$y_{3i,G}$，…，$y_{Di,G}\}$，$i = 1$，2，…，N_p，作为第 G 代的种群第 i 个个体。

初始模式分配 $X_{i,0}$ 的生成过程如下：（1）通过 $x_{ji,0} = x_{ji,0}^L + rand(0，1) \times (x_{ji,0}^U - x_{ji,0}^L)$，$j = 1$，2，…，D；$i = 1$，2，…，$N_p$ 计算第 0 代的值，其中 $rand(0，1)$ 是均匀分布于区间 $[0，1]$ 的随机数，$[x_{ji,0}^U，x_{ji,0}^L]$ 表示模式

分配的可取范围，$x^L_{ji,0}$ 等于 1，$x^U_{ji,0}$ 等于活动 j 的模式数量 M_j。（2）$x_{ji,0}$ 向上取整。

初始位置 $Y_{i,0}$ 的生成过程如下：（1）生成从 $Y^L_{i,0}$ 到 $Y^U_{i,0}$ 的随机整数列表，其中 $Y^L_{i,0}$ 等于 1，$Y^U_{i,0}$ 为活动数量。（2）调整该列表以满足优先约束。

初始个体的示例如图 7-1（b）所示。为了保证种群多样化，删除重复个体。将一些随机选择的新个体放入群体中以形成新一代群体。

三、生成无缓冲调度的第一阶段

基于每一代由模式分配和活动位置向量组成的 N_p 个个体，运用 DE 或 GA 算法生成基础的无缓冲调度。

在 DE 的变异操作中，考虑从群体中随机选择三个互不相同的个体。在众多变异规则中，选择 DE/rand/1（Storn and Price，1997）的变异方案，并将变异因子设置为 0.4。在交叉操作中，通过将突异向量的一些部分复制到目标向量中来建立试验向量的模式和位置，交叉因子设置为 0.9。

在基于 GA - STC 的算法的第一阶段，采用经典的锦标赛选择策略用于从父母中选择最佳个体。在交叉操作中，两个解向量的信息被重组以产生新的解向量，一点交叉和两点交叉是最常用的和标准的交叉方式（Montoya - Torres et al.，2010），本章采用两点交叉，通过以 0.9 的概率交换亲本样品的染色体来创建新的个体。对于交叉生成的子代染色体，最后通过交换算子进行变异：以 0.1 的概率交换两个无优先关系活动的位置。

在完成 DE/GA 的基本过程之后，通过凯利（Kelley，1963）在文献中首次提出的串行调度生成方案（SSGS）来生成无缓冲调度。在不违反优先级或资源约束的情况下，根据优先级列表将候选活动依次添加到调度中，直到构建出可行的完整调度。详细描述如程序 2 所示。

程序 2：串行调度生成机制（Serial SGS）

初始化：开始时间为 0 的初始活动存于活动集 D 中，其他所有活动存入备选集 E 中（活动集 D 中是已经排好开始时间的活动，备选集 E 中是还未排定的活动）。将解向量中的位置序列 $UY_{i,G+1}$ 作为优先级。

While 备选集 E 中存在活动 do

    根据活动优先列表在备选集 E 中选取优下一个活动。

    根据解向量中的模式 $UX_{i,G+1}$，得到活动 k 的工期和资源需求。

    将满足资源用量和前后关系约束的最早可行的开始时间分配给活动 k。

    将活动 k 加入到活动集 D 中，并保存该活动的开始时间 i。

  保存该调度计划

end While

四、生成鲁棒调度的第二阶段

一旦在第一阶段中获得了无缓冲的调度，则可以通过程序 3 中的改进的 STC 启发式方法将缓冲插入每个活动前面。该程序与范德冯德等（2008）的程序类似，最大的区别是 STC 的计算方式。在范德冯德等（2008）的 STC 启发式方法中，每个活动的 STC 如下：$STC_j = w_j \times Pr(S_j > s_j) = w_j \times \gamma_j = w_j \times \sum_{i \in PRED_j} Pr[D_i > (s_j - s_i - LPL_{ij})]$，其中 s_j，s_i，LPL_{ij} 和 D_i 的分布都是已知的。然而，在本章所研究的 DPRTP 问题中，D_i 的分布是未知的，但工作量的分布 W_i 都是已知的，假定工作量服从均值为 μ_i、标准差为 σ_i 的正态分布。因此，需要先将 W_i 转换为 D_i 和 r_{im} 的乘积，然后才能计算得到每个活动 i 的 STC_i。

程序 3：改进的 STC 启发式算法

Initialize：第一阶段得到的无缓冲的调度计划，W_i 服从正态分布 $N(\mu_i, \sigma_i)$。

计算每个活动的 STC：

$$STC_j = w_j \times \sum_{j \in PRED_i} Pr[W_i > (s_{jm} - s_{im} - LPL_{ij}) \times r_{im}]$$
$$= w_j \times \sum_{j \in PRED_i} \{1 - normcdf[(s_{jm} - s_{im} - LPL_{ij}) \times r_{im}, \mu_i, \sigma_i]\}$$

将所有活动按 STC_j 降序排列。

While 没有改进 do

从列表中选择下一活动 k。

If STC$_k$ = 0，算法终止。

else 在 k 活动前插入一单位时间缓冲，同时将活动 j 及其后续活动的开始时间都推迟一单位时间，更新项目计划。

If 更新计划的项目完工期不大于项目截止时间，且它的鲁棒成本总和 $\sum\limits_{j=1}^{N}$ stc$_j$ 降低，则保存该计划，转到下一步。

else 去掉在活动 k 前插入的一单位缓冲，恢复并保存计划。

 end
  end
end while

五、案例解析

将本章所提出的基于 STC 的鲁棒模型的算法应用于图 7 – 1（a）所示的项目实例，其中预定义的终止时间为 300 秒。图 7 – 2（a）表示在第六章中通过基于 FS 的鲁棒模型获得的最优鲁棒调度，其中最大完工时间为 35，鲁棒性目标值为 $\sum FS_j = 3.719286$。图 7 – 2（b）表示通过 DE – STC 算法，由基于 STC 的模型获得的最优鲁棒调度，其中最大完工时间为 35，鲁棒性目标值为 $\sum STC_j = 2.815506$。图 7 – 2（c）表示通过 GA – STC 算法，由基于 STC 的模型获得的最优鲁棒调度，其中最大完工时间为 35，鲁棒性目标值为 $\sum STC_j = 1.066639$。针对该项目实例，分别由基于 FS

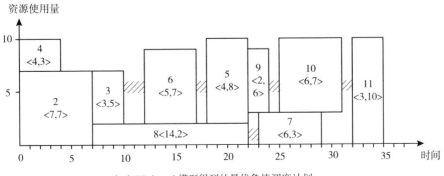

（a）FS–based 模型得到的最优鲁棒调度计划

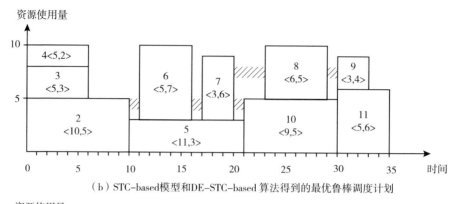

（b）STC-based模型和DE-STC-based算法得到的最优鲁棒调度计划

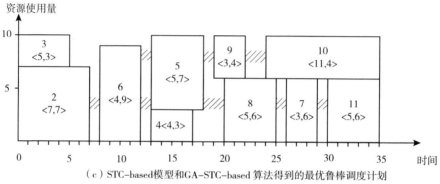

（c）STC-based模型和GA-STC-based算法得到的最优鲁棒调度计划

图7-2　基于FS和基于STC的鲁棒模型最优鲁棒调度

的鲁棒模型、DE-STC算法求解STC鲁棒模型和GA-STC算法求解STC鲁棒模型得到的最优鲁棒调度如表7-2所示，包括模式分配、活动位置和缓冲大小。

表7-2　　　　　　　　　　三种最优鲁棒调度解

鲁棒模型	解	1	2	3	4	5	6	7	8	9	10	11	12
FS-based	模式分配	1 <0, 0>	3 <7, 7>	2 <3, 5>	4 <4, 3>	1 <4, 8>	2 <5, 7>	4 <6, 3>	7 <14, 2>	1 <2, 6>	2 <6, 7>	1 <3, 10>	1 <0, 0>
	位置	1	2	4	3	7	6	9	5	8	10	11	12
	缓冲大小	0	0	0	0	1	2	1	0	0	1	1	0

续表

鲁棒模型	解	1	2	3	4	5	6	7	8	9	10	11	12
DE-STC-based	模式分配	1 <0,0>	5 <10,5>	4 <5,3>	5 <5,2>	6 <11,3>	2 <5,7>	2 <3,6>	4 <6,5>	2 <3,4>	4 <9,5>	3 <5,6>	1 <0,0>
	位置	1	2	3	4	5	6	7	9	10	8	11	12
	缓冲大小	0	0	0	0	0	1	1	3	1	1	0	0
GA-STC-based	模式分配	1 <0,0>	3 <7,7>	4 <5,3>	4 <4,3>	2 <5,7>	1 <4,9>	2 <3,6>	2 <5,6>	2 <3,4>	5 <11,4>	3 <5,6>	1 <0,0>
	位置	1	3	2	6	5	9	4	8	7	10	11	12
	缓冲大小	0	0	0	1	1	1	1	2	1	2	1	0

对于这三种鲁棒调度，根据时刻表调度策略执行 1000 次模拟运行，然后在 1000 次模拟运行中计算四项绩效指标（APL、TPCP、SC1 和 SC2）。各项指标平均值如表 7-3 所示，基于 STC 的解的目标值小于基于 FS 的解的目标值。四项绩效指标的模拟结果如图 7-3 所示，首先给出了三种鲁棒调度的 APL 数值分布，从 APL 的数值很难比较三种模型的优劣；而图中关于 TPCP 的结果表明基于 FS 的鲁棒调度和基于 STC 的鲁棒调度的项目完成时间落在完工期限内的概率，并且基于 STC 的模型明显具有更高的 TPCP；图中关于 SC1 和 SC2 的结果都表明，基于 STC 的鲁棒模型具有更小的稳定性成本。因此，考虑 TPCP、SC1 和 SC2 三种指标，基于 STC 的鲁棒模型在该案例中性能表现更好。

表 7-3　　　　三种不同鲁棒调度方案的目标值和绩效指标

鲁棒调度	目标值	APL	TPCP	SC1	SC2
FS-based	3.719286	36.625	0.977	11.026	12.276
DE-STC-based	2.815506	36.635	0.985	2.641	3.541
GA-STC-based	1.066639	36.57	0.999	1.084	1.134

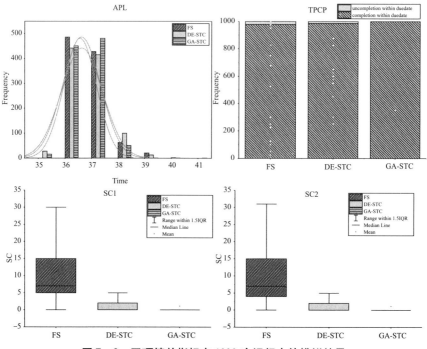

图 7 - 3　四项绩效指标在 1000 次运行中的模拟结果

第四节　实验设计与结果分析

在第三节中，案例分析已经表明了本章所提出的两种算法的可行性和有效性。在这一节中，进一步通过实验比较哪一个鲁棒模型可以获得更好的鲁棒调度计划。为此，本节首先进行了实验设置，并从三个角度分析四项绩效指标的数值，然后通过成对检验对两种鲁棒模型进行比较，最后对求解基于 STC 的鲁棒模型所提出的两种算法进行统计分析。所有实验使用 MATLAB 语言编码。

一、实验设计

在本章中，生成用于评估鲁棒调度的测试问题所考虑的参数包括工作量、ActN、OS 和 ReAvail。首先，通过 RanGen 软件包生成 100 个网络实例，项目规模分别包含 10 个、20 个和 30 个活动（不包括虚拟开始和结束活动），OS 分别为 0.25、0.50 和 0.75。因此，总共有 9 个（3×3）集合和 900 个网络。其次，分别从 [10, 50] 和 [3, 5] 区间上的均匀分布中随机独立地选取每个活动工作量的平均值和标准差。最后，对于每个网络，在计算实验中 ReAvail 设为 10、15 和 20，故共有 27 个（9×3）实例集和 2700 个问题。

为了说明通过两种算法求解 STC 鲁棒模型得到的鲁棒调度的有效性，平均项目长度（APL）、项目按时完成率（TPCP）和稳定性成本（SC）仍被用作绩效指标。它们的定义和计算公式如表 7 - 4 所示。APL、SC1 和 SC2 越小，TPCP 越大，项目调度性能越好。

表 7 - 4 四项绩效指标的定义和计算公式

绩效指标	绩效指标的定义	公式
APL	在资源和前后关系约束下的项目平均完工时间	$APL = \dfrac{\sum\limits_{t=1}^{N} S_{nt}}{N_s}$
TPCP	项目的按时完工率（截止时间内完工的概率）	$TPCP = P(S_{nt} \leq \delta_n)$
SC1	仿真开始时间与计划开始时间偏离的惩罚成本；	$SC = \dfrac{\sum\limits_{t=1}^{N} \sum\limits_{i=1}^{n} w_i \mid S_{imt} - s_{im} \mid}{N_s}$
SC2	SC2 包括了项目虚拟完工活动的惩罚成本	

注：S_{nt} 表示第 t 次模拟运行中虚拟结束活动的开始时间；N_s 是模拟运行次数，设置为 1000；δ_n 是预定义的完工期限，设置为比下限高 40%，在本章中该下限是指项目的关键路径；s_i 表示活动的计划开始时间；S_{it} 表示第 t 次模拟运行中活动的开始时间；w_i 表示惩罚权重，从 [1, 10] 的均匀分布中随机选取。在 SC1 中，$w_0 = w_n = 0$。在 SC2 中，$w_0 = 0$，$w_n = 50$，强调在完工期限内完成项目的重要性。

蒙特卡罗模拟如下：

（1）对于实例集中的每个测试问题，根据所提出的两种算法生成基于 DE - STC 的鲁棒调度和基于 GA - STC 的鲁棒调度，并根据第六章介绍的两阶段算法生成基于 FS 的鲁棒调度，模拟终止时间为 300 秒。

（2）对于每个基于 FS 的鲁棒调度、基于 DE – STC 的鲁棒调度和基于 GA – STC 的鲁棒调度，根据时刻表调度策略进行 1000 次仿真运行，然后在 1000 次仿真运行中统计 APL、TPCP、SC1 和 SC2。假设每个活动 i 的工作量服从正态分布，其中平均值为 μ_i（测试集构造中每个活动预先分配的工作量）和标准偏差 σ_i（服从区间 [3，5] 上的均匀分布）。如果 σ_i 非常大而 μ_i 相当小，则可能会生成负工作量，这不符合真实情况。因此，在模拟期间，每当从该正态分布获得负的工作量时，新的工作量被重新生成，直到它是正值。

二、结果分析

四项绩效指标的模拟结果以箱形图的形式展示（见图 7 – 4），并从三个角度进行分析：ActN 的影响、ReAvail 的影响和 OS 的影响。

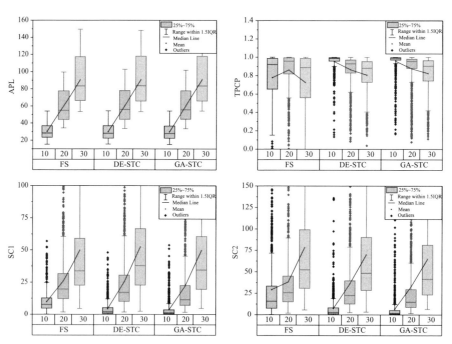

图 7 – 4　三种 ActN 水平下，三种鲁棒模型的四项绩效指标

（一）ActN 的影响分析

图 7 - 4 表示在三种 ActN 水平下，由三种鲁棒模型得到的四项绩效指标，其中"FS""DE - STC"和"GA - STC"分别表示基于 FS 的鲁棒模型和由 DE 及 GA 算法求解的基于 STC 的鲁棒模型，"10""20"和"30"表示 ActN 水平。如图 7 - 4 所示，通过提高 ActN 水平，TPCP 降低，APL、SC1 和 SC2 显著增加。此外，可以很容易地观察到，当考虑 TPCP 和 SC2 作为绩效指标时，基于 STC 的模型优于基于 FS 的模型。

（二）ReAvail 的影响分析

图 7 - 5 表示在"10""15"和"20"三种 ReAvail 水平下，由三种鲁棒模型得到的四项绩效指标。通过提高 ReAvail 水平，各模型的 APL 和 TPCP 值减小，而 SC1 和 SC2 值显著增加。同样，当考虑 TPCP 和 SC2 两种绩效指标时，基于 STC 的模型优于基于 FS 的模型。

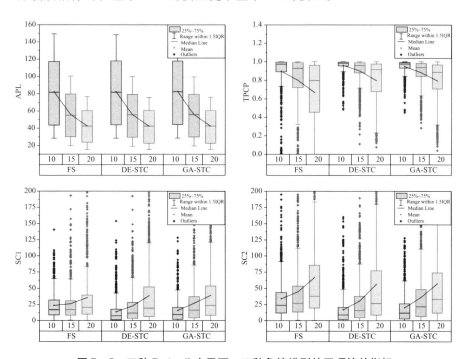

图 7 - 5　三种 ReAvail 水平下，三种鲁棒模型的四项绩效指标

（三）OS 的影响分析

图 7-6 表示在"0.25""0.50"和"0.75"三种 OS 水平下，三种鲁棒模型得到的四项绩效指标。通过提高 OS 水平，各模型的 TPCP 值减小，而 SC1 和 SC2 值显著增加，APL 值无明显变化。从 TPCP 和 SC2 比较可知，基于 STC 的模型优于基于 FS 的模型。

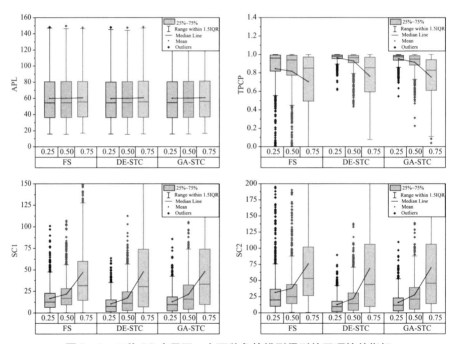

图 7-6　三种 OS 水平下，由两种鲁棒模型得到的四项绩效指标

三、基于 FS 和基于 STC 的鲁棒模型的统计分析

为进一步比较不同类型的鲁棒模型，通过 SAS PROC 单变量进行一些成对比较检验。以 ActN 为 10、ReAvail 为 10 和 OS 为 0.25 的 100 个实例为例，分别由基于 FS 的鲁棒模型和 DE-STC 算法求解的 STC 的鲁棒模型得到 100 个 APL、TPCP、SC1 和 SC2 值。对于这些数据，首先进行正态性

检验。若检验是阳性的，则进行 t 检验，否则进行非参数检验。

对于正态性检验，假设如下：

H0：基于 FS 的鲁棒模型与 DE – STC 算法求解的 STC 的鲁棒模型之间的绩效指标差等于 0；

H1：基于 FS 的鲁棒模型与 DE – STC 算法求解的 STC 的鲁棒模型之间的绩效指标差不等于 0。

APL、TPCP、SC1 和 SC2 差异的 SAS PROC 单变量声明见声明 1（Statement 1）。通过 SAS PROC 单变量对 TPCP 的成对比较测试的输出，ActN 为 10，ReAvail 为 10，OS 为 0.25。

由于测试样本量为 100，小于 1000，因此选择"Shapiro – Wilk 检验"进行正态性检验。在表 7 – 5 中，"Shapiro – Wilk 检验"的 P 值小于 0.0001，其明显小于 0.05，表明样品不服从正态分布，因此不能进行 t 检验进行比较。因此对两个成对检验进行 Wilcoxon 符号秩检验，假设如下：

表 7 – 5　　　　**SAS PROC 单变量 TPCP 的成对比较检验输出，**

ActN 为 10，ReAvail 为 10，OS 为 0.25

Statement 1：SAS PROC Univariate statement for the difference of APL, TPCP, SC1 and SC2

```
Data；
DAPL = APLFS – APLSTC；
DTPCP = TPCPFS – TPCPSTC；
DSC1 = SC1FS – SC1STC；
DSC2 = SC2FS – SC2STC；
run；
proc univariate normal data；
var DAPL DTPCP DSC1 DSC2；
run；
```

UNIVARIATE PROCEDURE

Variable：DTPCP

Moments				
N	100		Sum weights	100
Mean	– 0.05917		Sum observation	– 5.917

Std Deviation	0. 09245726		Variance	0. 00854834
Skewness	− 1. 619787		Kurtosis	1. 91290453
Uncorrected SS	1. 196395		Corrected SS	0. 84628611
Coeff Variation	− 156. 25698		Std Error Mean	0. 00924573

Basic statistical Measure

Location			Variability	
Mean	− 0. 05917		Std Deviation	0. 09246
Median	− 0. 01750		Variance	0. 00855
Mode	− 0. 00000		Range	0. 45400
			Interquartile Range	0. 070500

Tests for Location：Mu0 = 0

Test	Statistic		P Value	
Student's t	t	− 6. 39971	Pr > |t|	< 0. 0001
Sign	M	− 27. 5	Pr > |M|	< 0. 0001
Signed Rank	S	− 1748. 5	Pr > |S|	< 0. 0001

Test for Normality

Test	Statistic		P Value	
Shapiro – Wilk	W	0. 758369	Pr < W	< 0. 0001
Kolmogorov – Smirnov	D	0. 251431	Pr > D	< 0. 0001
Cramer – Von Mises	W – Sq	1. 865118	Pr > W – Sq	< 0. 0050
Anderson – Darling	A – Sq	9. 919965	Pr > A – Sq	< 0. 0050

H0：基于 FS 的鲁棒模型与 DE – STC 算法求解的基于 STC 的鲁棒模型之间的 TPCP 符号秩差等于 0；

H1：基于 FS 的鲁棒模型与 DE – STC 算法求解的基于 STC 的鲁棒模型之间的 TPCP 符号秩差不等于 0。

从表 7 – 5 中的"位置检验：Mu0 = 0"，可以清楚地观察到符号秩检验的 p 值小于 0. 0001，这意味着可以在显著性水平为 5% 的情况下，拒绝 H0"基于 FS 的鲁棒模型与 DE – STC 算法求解的基于 STC 的鲁棒模型之间的 TPCP 符号秩差等于 0"。从表 7-5 中的"基本统计测量"和"符号秩检验"可以得出结论：在 ActN 为 10，ReAvail 为 10，OS 为 0.25 的情况下，当考虑 TPCP 时，DE-STC 算法求解的基于 STC 的鲁棒模型的性能比基于 FS 的鲁棒模型更好。

通过使用 SAS PROC 单变量比较基于 FS 和基于 STC 的模型（分别通过 DE-STC 算法和 GA-STC 算法求解）进行的统计分析结果总结见附录 2 中表 A2-1 和表 A2-2。根据表 A2-1 和表 A2-2，在表 7-6 中总结了良好性能的次数。

表 7-6　　　　　　　　　　基于 FS 模型和基于 STC 模型的比较

FS-based 模型 vs. STC-based 模型	APL	TPCP	SC1	SC2
FS-based 模型 vs. DE-STC 算法求解的 STC-based 模型	15:6:6	3:10:14	4:10:13	5:7:15
FS-based 模型 vs. GA-STC 算法求解的 STC-based 模型	0:24:3	3:9:15	3:6:18	2:4:21

比较基于 FS 的模型和通过 DE-STC 算法求解基于 STC 的模型发现：（1）当考虑 APL 时，DE-STC 算法求解的 STC 模型在 27 次中有 6 次优于 FS 模型，有 15 次不如 FS 模型，另外 6 次两种模型之间没有显著差异；（2）在考虑 TPCP 时，DE-STC 算法求解的 STC 模型在 27 次中有 14 次优于 FS 模型，有 3 次不如 FS 模型，另外 10 次两种模型之间没有显著差异；（3）当考虑 SC1 时，DE-STC 算法求解的 STC 模型在 27 次中有 13 次优于 FS 模型，有 4 次不如 FS 模型，另外 10 次两种模型之间没有显著差异；（4）当考虑 SC2 时，DE-STC 算法求解的 STC 模型在 27 次中有 15 次优于 FS 模型，有 5 次不如 FS 模型，另外 7 次两种模型之间没有显著差异。

比较基于 FS 的模型和通过 GA-STC 算法求解基于 STC 的模型发现：（1）当考虑 APL 时，GA-STC 算法求解的 STC 模型在 27 次中有 3 次优于

FS 模型，其余 24 次两种模型之间没有显著差异；（2）当考虑 TPCP 时，GA – STC 算法求解的 STC 模型在 27 次中有 15 次优于 FS 模型，3 次不如 FS 模型，另外 9 次两种模型之间没有显著差异；（3）当考虑 SC1 时，GA – STC 算法求解的 STC 模型在 27 次中有 18 次优于 FS 模型，3 次不如 FS 模型，另外 6 次两种模型之间没有显著差异；（4）在考虑 SC2 时，GA – STC 算法求解的 STC 模型在 27 次中有 21 次优于 FS 模型，2 次不如 FS 模型，另外 4 次两种模型之间没有显著差异。

由所有统计分析可知，在考虑 TPCP、SC1 和 SC2 的大多数项目时，基于 STC 的模型比基于 FS 的模型表现稍好。

四、两种求解算法的统计分析

使用 SAS PROC 单变量进行的统计分析结果如附录 2 中表 A2 – 3 所示，用以比较求解基于 STC 的鲁棒模型的 DE – STC 算法和 GA – STC 算法。从表 7 –7 可以观察到：（1）当考虑 APL 指标时，两种算法之间的差异不具有统计学意义；（2）当考虑 TPCP 指标时，GA – STC 算法在 27 次中有 13 次优于 DE – STC 算法，两种算法在另外的 14 次中无显著差异；（3）当考虑 SC1 指标时，GA – STC 算法在 27 次中有 17 次优于 DE – STC 算法，另外 10 次没有显著差异；（4）当考虑 SC2 指标时，GA – STC 算法在 27 次中有 16 次优于 DE – STC 算法，另外 11 次没有显著差异。从这些统计分析中，可以得出以下结论：（1）在考虑 APL 的情况下，用 GA – STC 算法或 DE – STC 算法求解基于 STC 的鲁棒模型没有区别；（2）在考虑 TPCP、SC1 和 SC2 的情况下，GA – STC 算法明显优于 DE – STC 算法。

表 7 –7　　　　基于 STC 的鲁棒模型的两种算法比较

STC 鲁棒模型的求解算法	APL	TPCP	SC1	SC2
基于 DE – STC 的算法 vs. 基于 GA – STC 的算法	0：27：0	0：14：13	0：10：17	0：11：16

第五节　本章小结

本章介绍了在 DTRTP 环境中的活动开始时间关键度（STC）的概念，研究了在工作量不确定的情况下，如何构建一个基于 STC 的 DTRTP 模型的鲁棒调度。为了说明所提出的两种算法求解 STC 模型的可行性和有效性，将基于 FS 的鲁棒模型与它们进行了比较。通过 SAS PROC 单变量语句对仿真结果进行分析，SAS 输出结果表明，在考虑稳定性成本和项目按时完工率时，基于 STC 的鲁棒模型优于基于 FS 的鲁棒模型，并且可以在绝大多数项目中制订鲁棒性更优的基准调度计划。本章还详细研究了 ActN、OS 和 Reavil 对于调度鲁棒性的影响。结果表明：（1）对于基于 STC 和基于 FS 的鲁棒模型，ActN 越大，APL、SC1 和 SC2 值越大；对于基于 STC 的鲁棒模型，ActN 越大，TPCP 值越小。（2）对于基于 STC 和基于 FS 的鲁棒模型，ReAvail 越大，APL 和 TPCP 值越小，SC1 和 SC2 值越大。（3）对于基于 FS 和基于 STC 的鲁棒模型，OS 越大，TPCP 值越小，SC1 和 SC2 值越大。所提出算法的统计分析表明，考虑 TPCP、SC1 和 SC2 时，GA – STC 算法性能明显优于 DE – STC 算法。

附 录 二

利用 SAS PROC 单变量对基于 FS 的模型和基于 DE – STC 模型进行统计分析

表 A2 – 1

ActN	ReAvail	Test	OS 0.25 APL	TPCP	SC1	SC2	OS 0.50 APL	TPCP	SC1	SC2	OS 0.75 APL	TPCP	SC1	SC2
10	10	Sign	-12 <0.0210	-27.5 <0.0001	49 <0.0001	47 <0.0001	-11 <0.0352	-23.5 <0.0001	46 <0.0001	49 <0.0001	-5 <0.3682	-17.5 <0.0004	48 <0.0001	49 <0.0001
		Sign Rank	-719 <0.0127	-1748.5 <0.0001	2523 <0.0001	2501 <0.0001	-1028.5 <0.0003	-1661 <0.0001	2427 <0.0001	2473 <0.0001	-744.5 <0.0098	-1453.5 <0.0001	2401 <0.0001	2520 <0.0001
	15	Sign	-1 <0.9204	-28 <0.0001	41 <0.0001	46 <0.0001	15 <0.0035	-31.5 <0.0001	40 <0.0001	47 <0.0001	22 <0.0001	-32 <0.0001	29 <0.0001	44 <0.0001
		Sign Rank	-253 <0.3870	-1757.5 <0.0001	2264 <0.0001	2469 <0.0001	760.5 <0.0083	-1943.5 <0.0001	2187 <0.0001	2459 <0.0001	1521 <0.0001	-2089.5 <0.0001	1845 <0.0001	2456 <0.0001
	20	Sign	19 <0.0002	-39 <0.0001	40 <0.0001	44 <0.0001	28 <0.0001	-37 <0.0001	31 <0.0001	46 <0.0001	40 <0.0001	-42.5 <0.0001	7 <0.1933	40 <0.0001
		Sign Rank	1259 <0.0001	-2367.5 <0.0001	2250 <0.0001	2485 <0.0001	1829 <0.0001	-2221 <0.0001	1987 <0.0001	2474 <0.0001	2302.5 <0.0001	-2397.5 <0.0001	326 <0.2644	2355 <0.0001

续表

ActN	ReAvail	Test	OS											
			0.25				0.50				0.75			
			APL	TPCP	SC1	SC2	APL	TPCP	SC1	SC2	APL	TPCP	SC1	SC2
20	10	Sign	-18 <0.0002	6.5 <0.2276	32 <0.0001	32 <0.0001	-18 <0.0004	14 <0.0066	22 <0.0001	21 <0.0001	-18 <0.0004	16.5 <0.0012	28 <0.0001	20 <0.0001
		Sign Rank	-1458 <0.0001	-363 <0.2067	2115 <0.0001	2104 <0.0001	-1422 <0.0001	274 <0.3487	1475 <0.0001	1430.5 <0.0001	-1064 <0.0002	613 <0.0317	1756 <0.0001	1346 <0.0001
	15	Sign	-16 <0.0018	13.5 <0.0088	5 <0.3682	5 <0.3682	-11 <0.0352	9 <0.0854	-7 <0.1933	-12 <0.0210	-11 <0.0352	9 <0.0886	-6 <0.2713	-10 <0.0569
		Sign Rank	-1217 <0.0001	148 <0.6079	301 <0.3030	478 <0.1005	-381.5 <0.0006	334.5 <0.2378	-367 <0.2086	-277 <0.3434	-1113 <0.0001	341 <0.2429	-437 <0.1337	-567 <0.0507
	20	Sign	-4 <0.4841	12.5 <0.0154	-1 <0.9204	0 <1.0000	-13 <0.0120	12.5 <0.0154	-7 <0.1933	-7 <0.1933	-7 <0.1933	4 <0.4841	-26 <0.0001	-21 <0.0001
		Sign Rank	-640.5 <0.0269	167.5 <0.5614	-77 <0.7927	299 <0.3063	-753 <0.0089	274 <0.3415	-414 <0.1556	-323 <0.2689	-546.5 <0.0500	463 <0.1118	-1447 <0.0001	-1151 <0.0001

续表

ActN	ReAvail	Test	OS 0.25 APL	0.25 TPCP	0.25 SC1	0.25 SC2	0.50 APL	0.50 TPCP	0.50 SC1	0.50 SC2	0.75 APL	0.75 TPCP	0.75 SC1	0.75 SC2
30	10	Sign	3 <0.6173	-7.5 <0.1591	34 <0.0001	37 <0.0001	-10 <0.0569	0 <1.0000	18 <0.0004	21 <0.0001	-32 <0.0001	34 <0.0001	-5 <0.3682	-8 <0.1332
		Sign Rank	279.5 <0.3391	-1231.5 <0.0001	2048 <0.0001	2186 <0.0001	-550 <0.0582	-558.5 <0.0473	1250 <0.0001	1552 <0.0001	-1939 <0.0001	1704.5 <0.0001	-544 <0.0611	-349 <0.0009
	15	Sign	3 <0.6173	-7.5 <0.1591	0 <1.0000	15 <0.0035	-1 <0.9204	0 <1.0000	-21 <0.0001	-3 <0.6173	-28 <0.0001	30 <0.0001	-5 <0.3682	-19 <0.0002
		Sign Rank	555.5 <0.0557	-1162 <0.0001	-75 <0.7980	1248 <0.0001	239 <0.4140	-819.5 <0.0043	-1333 <0.0001	297 <0.3096	-1810 <0.0001	1582 <0.0001	-491 <0.0915	-1086 <0.0001
	20	Sign	6 <0.2713	-8 <0.1332	-14 <0.0066	-3 <0.6173	-5 <0.3682	3.5 <0.5467	-29 <0.0001	-12 <0.0210	-7 <0.1933	9 <0.0886	0 <1.0000	-2 <0.7644
		Sign Rank	752.5 <0.0090	-1078.5 <0.0001	-937 <0.0010	615 <0.0338	-168.5 <0.5650	-416.5 <0.1469	-1768 <0.0001	-726 <0.0118	-441 <0.1301	419 <0.1506	-53 <0.8565	-39 <0.8941

表 A2 - 2　利用 SAS PROC 单变量对基于 FS 的模型和基于 GA - STC 模型进行统计分析

ActN	ReAvail	Test	OS											
			0.25				0.50				0.75			
			APL	TPCP	SC1	SC2	APL	TPCP	SC1	SC2	APL	TPCP	SC1	SC2
10	10	Sign	1 / 0.9204	-35 / <0.0001	45 / <0.0001	47 / <0.0001	-4 / <0.4841	-18.5 / <0.0002	48 / <0.0001	47 / <0.0001	-1 / 0.9204	-22.5 / <0.0001	48 / <0.0001	48 / <0.0001
		Sign Rank	-2 / 0.9946	-2010 / <0.0001	2490 / <0.0001	2498 / <0.0001	-99 / <0.7354	-1574.5 / <0.0001	2493 / <0.0001	2487 / <0.0001	-45 / <0.8779	-1709.5 / <0.0001	2498 / <0.0001	2505 / <0.0001
	15	Sign	-3 / <0.6173	-25.5 / <0.0001	48 / <0.0001	47 / <0.0001	2 / <0.7644	-28.5 / <0.0001	42 / <0.0001	44 / <0.0001	5 / <0.3682	-31 / <0.0001	35.5 / <0.0001	42 / <0.0001
		Sign Rank	7 / <0.9809	-1609.5 / <0.0001	2518 / <0.0001	2468 / <0.0001	253 / <0.3870	-1925 / <0.0001	2375 / <0.0001	2369 / <0.0001	508.5 / <0.0803	-1988.5 / <0.0001	1964 / <0.0001	2232 / <0.0001
	20	Sign	9 / <0.0001	-33.5 / <0.0001	37 / <0.0001	43 / <0.0001	10 / <0.0569	-41 / <0.0001	34 / <0.0001	46 / <0.0001	19 / <0.0002	-30 / <0.0001	3 / <0.6173	23 / <0.0001
		Sign Rank	0.0771 / <0.0001	-2115 / <0.0001	2262 / <0.0001	2403 / <0.0001	590 / <0.0419	-2408 / <0.0001	2075 / <0.0001	2489 / <0.0001	1087.5 / <0.0001	-2044.5 / <0.0001	45 / <0.8779	1724 / <0.0001

续表

ActN	ReAvail	Test	OS 0.25				OS 0.50				OS 0.75			
			APL	TPCP	SC1	SC2	APL	TPCP	SC1	SC2	APL	TPCP	SC1	SC2
20	10	Sign	-8 <0.1332	0 <1.0000	34 <0.0001	36 <0.0001	-9 <0.0886	5.5 <0.3149	30 <0.0001	33 <0.0001	-3 <0.6173	6 <0.2713	30 <0.0001	25 <0.0001
		Sign Rank	-226 <0.4399	-607.5 <0.0256	2158 <0.0001	2207 <0.0001	-205 <0.4837	-438.5 <0.1265	2090 <0.0001	2149 <0.0001	-106 <0.7175	-163 <0.5777	2049 <0.0001	1879 <0.0001
	15	Sign	-4 <0.4841	9 <0.0886	15 <0.0035	18 <0.0004	-5 <0.3682	4 <0.4841	16 <0.0018	16 <0.0018	-6 <0.2713	11 <0.0352	5 <0.3682	1 <0.9204
		Sign Rank	-204 <0.4858	-30 <0.9184	1234 <0.0001	1329 <0.0001	179 <0.5409	-62 <0.8324	1242.5 <0.0001	1150 <0.0001	-230 <0.4318	286 <0.3279	-28 <0.9239	-91 <0.7561
	20	Sign	-3 <0.6173	0 <1.0000	20 <0.0001	20 <0.0001	-5 <0.3682	6 <0.2718	9 <0.0886	7 <0.1933	-6 <0.2713	18 <0.0004	-29 <0.0001	-21 <0.0001
		Sign Rank	-27.5 <0.9252	-486 <0.0850	1308 <0.0001	1574 <0.0001	-185 <0.5274	19 <0.9483	829 <0.0039	717 <0.0129	-329 <0.2600	837 <0.0035	-1695 <0.0001	-1153 <0.0001

续表

ActN	ReAvail	Test	OS 0.25				OS 0.50				OS 0.75			
			APL	TPCP	SC1	SC2	APL	TPCP	SC1	SC2	APL	TPCP	SC1	SC2
30	10	Sign	4 <0.4841	-12 <0.0210	36 <0.0001	44 <0.0001	2 <0.7644	-0.5 <1.0000	23 <0.0001	26 <0.0001	-3 <0.6173	30 <0.0001	-5 <0.3682	-12 <0.0210
		Sign Rank	118 <0.6871	-1394.5 <0.0001	2158 <0.0001	2342 <0.0001	52.5 <0.8578	-610.5 <0.0324	1643.5 <0.0001	1867 <0.0001	-192.5 <0.5108	1484.5 <0.0001	-359 <0.2188	-682 <0.0183
	15	Sign	3 <0.6173	-11.5 <0.0265	14 <0.0068	23 <0.0001	3 <0.6173	-6 <0.2664	-13 <0.0120	4 <0.4841	-3 <0.6173	24 <0.0001	2 <0.7644	-5 <0.3682
		Sign Rank	245 <0.4023	-1343.5 <0.0001	868 <0.0024	1768 <0.0001	202.5 <0.4890	-1131.5 <0.0001	-725.5 <0.0119	954 <0.0008	-172 <0.5569	1231.5 <0.0001	-13 <0.9646	-366 <0.2099
	20	Sign	8 <0.1332	-18 <0.0004	-10 <0.0569	8 <0.1332	3 <0.7639	6 <0.2713	-28 <0.0001	-10 <0.0569	1 <0.9204	5 <0.3582	-11 <0.0352	-2 <0.7644
		Sign Rank	375 <0.1988	-1489 <0.0001	-529 <0.0687	903 <0.0016	88 <0.7639	-305 <0.2966	-1498 <0.0001	-512 <0.0782	54 <0.8538	280.5 <0.3373	-443 <0.1284	-242 <0.4081

表 A2-3　利用 SAS PROC 单变量对 DE-STC 模型和 GA-STC 模型进行统计分析

ActN	ReAvail	Test	OS											
			0.25				0.50				0.75			
			APL	TPCP	SC1	SC2	APL	TPCP	SC1	SC2	APL	TPCP	SC1	SC2
10	10	Sign	3 0.6173	-15 <0.0014	13 <0.0120	12 <0.0210	1 <0.9204	-2 <0.7520	9 <0.0886	10 <0.0569	4 <0.4841	-18.5 <0.0001	14 <0.0066	16.5 <0.0012
		Sign Rank	124 0.6720	-783.5 <0.0003	786 <0.0063	946 <0.0009	91 <0.7561	-208 <0.4053	694 <0.0163	561 <0.0533	135 <0.6448	-1004 <0.0001	1171 <0.0001	1206 <0.0001
	15	Sign	-1 <0.9204	-3 <0.5943	14 <0.0066	17 <0.0009	0 <1.0000	-8 <0.1214	5 <0.3682	7 <0.1933	2 <0.7644	-11 <0.0352	7.5 <0.1591	12 <0.0210
		Sign Rank	80 <0.7848	-271 <0.2617	838 <0.0035	733 <0.0110	101 <0.7303	-332.5 <0.2115	567 <0.0507	566.5 <0.0510	89.5 <0.7600	-745.5 <0.0097	584 <0.0409	854 <0.0029
	20	Sign	2.5 <0.6879	-5.5 <0.3049	16.5 <0.0012	13 <0.0120	3 <0.6173	-7 <0.1888	12 <0.0210	15 <0.0035	-1 <0.9204	2 <0.7644	-1 <0.9204	-3 <0.6173
		Sign Rank	161 <0.5768	-262.5 <0.3324	895.5 <0.0015	698 <0.0156	119 <0.6846	-820.5 <0.0032	768 <0.0076	959 <0.0008	-2 <0.9946	214 <0.4646	-149 <0.6109	-295 <0.3128

续表

ActN	ReAvail	Test	OS											
			0.25				0.50				0.75			
			APL	TPCP	SC1	SC2	APL	TPCP	SC1	SC2	APL	TPCP	SC1	SC2
20	10	Sign	0 <1.000	−7.5 <0.1548	7 <0.1933	5 <0.3682	−2 <0.7644	−22 <0.0001	19 <0.0002	26 <0.0001	1 <0.9204	−23 <0.0001	10 <0.0002	18 <00004
		Sign Rank	18 <0.9510	−353 <0.2055	515 <0.0765	513.5 <0.0774	23.5 <0.9361	−1410.5 <0.0001	1242 <0.0001	1571 <0.0001	69 <0.8138	−1520 <0.0001	1281 <0.0001	1371 <0.0001
	15	Sign	0 <1.0000	−8.5 <0.1074	16 <0.0018	15 <0.0035	1 <0.9204	−9.5 <0.0699	26 <0.0001	26 <0.0001	−2 <0.7644	−8 <0.1322	7 <0.1933	9 <0.0886
		Sign Rank	62 <0.8324	−625.5 <0.0283	1082 <0.0001	1048 <0.0002	35.5 <0.9036	−719.5 <0.0133	1595 <0.0001	1488 <0.0001	−7 <0.9809	−276.5 <0.3443	280 <0.3740	269 <0.3576
	20	Sign	2 <0.7644	−13.5 <0.0086	22 <0.0001	22 <0.0001	0 <0.7644	−8 <0.1332	23 <0.0001	19 <0.0002	0 <1.0000	5 <0.3682	−8 <0.1332	−3 <0.6173
		Sign Rank	115.5 <0.6934	−1140.5 <0.0001	1474 <0.0001	1554 <0.0001	17 <0.9557	−438 <0.1328	1456 <0.0001	1313 <0.0001	−145 <0.6205	541 <0.0625	−414 <0.1556	−433 <0.1373

续表

ActN	ReAvail	Test	OS 0.25 APL	TPCP	SC1	SC2	OS 0.50 APL	TPCP	SC1	SC2	OS 0.75 APL	TPCP	SC1	SC2
30	10	Sign	4 <0.4841	-5.5 <0.3099	2 <0.7644	5 <0.3682	4 <0.4841	-4 <0.4841	11 <0.0352	8 <0.1332	-1 <0.9204	-2 <0.7644	-1 <0.9204	2 <0.7644
		Sign Rank	103 <0.7251	-556 <0.0448	240 <0.4120	442 <0.1292	100 <0.7328	-177 <0.5454	676 <0.0193	529 <0.0687	84.5 <0.7730	-323.5 <0.2681	118 <0.6871	193 <0.5097
	15	Sign	3 <0.6173	-10.5 <0.0439	17 <0.0009	16 <0.0018	2 <0.7644	-16 <0.0016	13 <0.0120	15 <0.0035	2 <0.7644	-11 <0.0352	7 <0.1933	9 <0.0886
		Sign Rank	107 <0.7149	-417.5 <0.1459	982 <0.0006	915 <0.0014	140.5 <0.6314	-342 <0.0006	1021 <0.0003	1240 <0.0001	127.5 <0.6633	-643.5 <0.0262	580 <0.0456	639 <0.0288
	20	Sign	1 <0.9204	-7 <0.1933	5 <0.3682	5 <0.3682	3 <0.6173	1 <0.9204	5 <0.3682	6 <0.2713	4 <0.4841	1 <0.9204	-10 <0.0569	-4 <0.4841
		Sign Rank	126 <0.6671	-578.5 <0.0461	517 <0.0753	675 <0.0195	36.5 <0.7419	91.5 <0.7548	375 <0.1988	356 <0.2240	108 <0.7124	-173.5 <0.5535	-374 <0.2000	-146 <0.6181

参 考 文 献

［1］别黎：《关键链项目管理中的缓冲估计与监控方法研究》，华中科技大学博士学位论文，2012 年。

［2］别黎、崔南方：《关键链多项目管理中能力约束缓冲大小研究》，载于《计算机集成制造系统》2011 年第 7 期。

［3］别黎、崔南方、田文迪：《基于活动敏感性的动态缓冲监控方法研究》，载于《中国管理科学》2014 年第 10 期。

［4］蔡晨、万伟：《基于 PERT/CPM 的关键链管理》，载于《中国管理科学》2003 年第 6 期。

［5］陈志远、章俊、童珊珊：《基于改进双归档进化算法的多目标动态软件项目调度》，载于《计算机集成制造系统》2021 年第 9 期。

［6］程序、吴澄：《一种复杂项目调度问题的混合智能算法》，载于《计算机集成制造系统》2006 年第 4 期。

［7］褚春超：《缓冲估计与关键链项目管理》，载于《计算机集成制造系统》2008 年第 5 期。

［8］邓亚平：《基于网络计划技术的项目进度风险预警研究》，武汉理工大学硕士学位论文，2007 年。

［9］方晨、王凌：《资源约束项目调度研究综述》，载于《控制与决策》2010 年第 5 期。

［10］高海昌、冯博琴、朱利：《智能优化算法求解 TSP 问题》，载于《控制与决策》2006 年第 3 期。

［11］胡雪君、梁盛、王建江等：《带转移时间的资源受限项目鲁棒

调度优化》，载于《计算机集成制造系统》2023 年第 12 期。

[12] 胡振涛、崔南方：《多技能资源能力不均衡环境下项目调度的鲁棒优化方法》，载于《工业工程》2023 年第 5 期。

[13] 胡振涛、崔南方、胡雪君等：《集成时间缓冲与资源流的多技能项目鲁棒调度方法》，载于《系统管理学报》2023 年第 5 期。

[14] 贾梦超、何正文、王能民：《基于仿真分析的随机活动工期鲁棒项目调度优化》，载于《工业工程与管理》2023 年第 2 期。

[15] 李佳媛、何正文：《基于资源缓冲的鲁棒性多模式项目调度优化》，载于《工业工程与管理》2013 年第 3 期。

[16] 李佳媛、何正文：《基于资源随机中断的反应性多模式项目调度优化》，载于《运筹与管理》2015 年第 6 期。

[17] 李深：《基于计算机仿真的排队系统优化问题研究》，沈阳工业大学硕士学位论文，2007 年。

[18] 梁洋洋、崔南方：《基于资源流网络优化的鲁棒性项目调度》，载于《系统管理学报》2020 年第 2 期。

[19] 刘士新、宋健海、唐加福：《关键链——一种项目计划与调度新方法》，载于《控制与决策》2003 年第 5 期。

[20] 刘士新、宋健海、唐加福：《资源受限项目调度中缓冲区的设定方法》，载于《系统工程学报》2006 年第 4 期。

[21] 刘士新、王梦光、唐加福：《一种求解资源受限工程调度问题的遗传算法》，载于《系统工程学报》2002 年第 1 期。

[22] 马国丰、屠梅曾、史占中：《基于 TOC 的项目管理技术模型》，载于《系统工程理论方法应用》2005 年第 1 期。

[23] 马国丰、屠梅曾：《制约因素在项目进度管理的应用》，载于《管理工程学报》2002 年第 4 期。

[24] 马国丰、王爱民、屠梅曾：《CCM：一种基于 TOC 的项目管理技术》，载于《系统工程理论方法应用》2004 年第 2 期。

[25] 马志强、徐小峰、何正文等：《复杂不确定环境下活动可拆分

的项目资源鲁棒性调度优化》，载于《中国管理科学》2022 期第 3 期。

［26］庞南生、叶博童：《项目鲁棒调度的资源分配启发式算法研究》，载于《运筹与管理》2021 年第 8 期。

［27］彭武良、王成恩：《关键链项目调度模型及遗传算法求解》，载于《系统工程学报》2010 年第 1 期。

［28］邱菀华：《现代项目风险管理方法与实践》，科学出版社 2003 年版。

［29］田贵超、黎明、韦雪洁：《旅行商问题（TSP）的几种求解方法》，载于《计算机仿真》2006 年第 8 期。

［30］田文迪、崔南方、付樟华：《基于分支定界法的关键链项目计划重排》，载于《计算机应用研究》2011 年第 11 期。

［31］田文迪、崔南方：《关键链项目管理中关键链和非关键链的识别》，载于《工业工程与管理》2009 年第 2 期。

［32］田文迪、胡慕海、崔南方：《不确定性环境下鲁棒性项目调度研究综述》，载于《系统工程学报》2014 年第 1 期。

［33］田文迪：《随机 DTRTP 环境下项目调度策略的比较研究》，华中科技大学博士学位论文，2011 年。

［34］王宏：《求解资源受限项目调度问题算法的研究》，天津大学博士学位论文，2005 年。

［35］王艳婷、何正文：《资源随机中断下突发事件应急救援鲁棒性多模式项目调度优化》，载于《运筹与管理》2023 年第 3 期。

［36］王艳婷、何正文、刘人境：《随机工期下反应性多模式项目调度优化》，载于《系统管理学报》2017 年第 1 期。

［37］王勇胜、梁昌勇：《资源约束项目调度鲁棒性研究的现状与展望》，载于《中国科技论坛》2009 年第 8 期。

［38］吴学忠：《插入缓冲后关键链计划重排研究》，华中科技大学硕士学位论文，2011 年。

［39］徐海涛：《基于 SOPC 的软硬件划分算法研究》，哈尔滨理工大

学硕士学位论文，2009 年。

［40］杨立熙、李世其、黄夏宝、彭涛：《属性相关的关键链计划缓冲设置方法》，载于《工业工程与管理》2009 年第 1 期。

［41］张宏国、徐晓飞、战德臣：《不确定资源约束下项目鲁棒调度算法》，载于《计算机应用研究》2009 年第 6 期。

［42］张静文、周杉、乔传卓：《基于时差效用的双目标资源约束型鲁棒性项目调度优化》，载于《系统管理学报》2018 年第 2 期。

［43］张俊光、冉文娟、贾赛可、杨双：《关键链项目缓冲设置研究述评与展望》，载于《管理评论》2017 年第 12 期。

［44］张立辉、郭欣雨、邹鑫等：《考虑工作连续性的重复性项目鲁棒调度优化》，载于《科技管理研究》2023 年第 14 期。

［45］Abbasi B. , Shadrokh S. , Arkat J. , Bi-objective Resource-constrained Project Scheduling with Robustness and Makespan Criteria. *Applied Mathematics and Computation*, Vol. 180, No. 1, 2006, pp. 146 – 152.

［46］Al – Fawzana M. A. , Haouari M. , A Bi-objective Model for Robust Resource-constrained Project Scheduling. *Int. J. Production Economics*, Vol. 96, No. 2, 2005, pp. 175 – 187.

［47］Ali M. M. , Differential Evolution with Generalized Differentials. *Journal of Computational and Applied Mathematics*, Vol. 235, No. 8, 2011, pp. 2205 – 2216.

［48］Ansari R. , Khalilzadeh M. , Hosseini M. R. , A Multi-objective Dynamic Optimization Approach to Project Schedule Management：A Case Study of a Gas Field Construction. *KSCE Journal of Civil Engineering*, 2021.

［49］Artigues C. , Michelon P. , S. Reusser, Insertion Techniques for Static and Dynamic Resource-constrained Project Scheduling. *European Journal of Operational Research*, Vol. 149, 2003, pp. 249 – 267.

［50］Artigues C. , Roubellat F. , A Polynomial Activity Insertion Algorithm in A Multi-resource Schedule with Cumulative Constraints and Multiple

Modes. European Journal of Operational Research, Vol. 127, No. 2, 2000, pp. 297 – 316.

［51］ Ashtiani B. , Jalali G. R. , Aryanezhad M. B. , A. Makuti, A New Approach for Buffer Sizing in Critical Chain Scheduling. *Paper Presented at the* 2007 *IEEE International Conference on Industrial Engineering and Engineering Management*, December, 2007, pp. 1037 – 1041.

［52］ Baar T. , Brucker P. , Knust S. , Tabu Search Algorithms and Lower Bounds for the Resource-constrained Project Scheduling Problem. *Springer US*, 1999.

［53］ Babu B. , K. Sastry, Estimation of Heat Transfer Parameters in a Trickle-bed Reactor Using Differential Evolution and Orthogonal Collocation. *Computers and Chemical Engineering*, Vol. 23, No. 3, 1999, pp. 327 – 339.

［54］ Balouka N. , Cohen I. , A Robust Optimization Approach for the Multi-mode Resource-constrained Project Scheduling Problem. *European Journal of Operational Research*, Vol. 291, No. 2, 2021, pp. 457 – 470.

［55］ Bie L. , Cui N. , Zhang X. , Buffer Sizing Approach with Dependence Assumption Between Activities in Critical Chain Scheduling. *International Journal of Production Research*, Vol. 50, No. 24, 2012, pp. 7343 – 7356.

［56］ Blackstone J. H. , Cox J. F. , Schleier J. G. , A Tutorial on Project Management from a Theory of Constraints Perspective. *International Journal of Product Research*, Vol. 47, No. 24, 2009, pp. 7029 – 7046.

［57］ Boctor F. F. , Resource-constrained Project Scheduling by Simulated Annealing. *International Journal of Production Research*, Vol. 34, No. 8, 1996, pp. 2335 – 2351.

［58］ Boctor F. F. , Some Efficient Multi-heuristic Procedures for Resource-constrained Project Scheduling. *European Journal of Operational Research*, Vol. 49, No. 1, 1990, pp. 3 – 13.

［59］ Bouleimen K. , Lecocq H. , A New Efficient Simulated Annealing

Algorithm for the Resource-constrained Project Scheduling Problem and Its Multiple Mode Version. *European Journal of Operational Research*, Vol. 149, No. 2, 2003, pp. 268 – 281.

［60］Brucker P., Drexl A., Mohring R., Resource-constrained Project Scheduling: Notation, Classification, Models, and Methods. *European Journal of Operational Research*, Vol. 112, No. 1, 1999, pp. 3 – 41.

［61］Buehler R., Griffin D., Ross M., Exploring the "Planning Fallacy": Why People Underestimate Their Task Completion Times. *Journal of personality and social psychology*, Vol. 67, No. 3, 1994, P. 366.

［62］Burgelman J., Vanhoucke M., Project Schedule Performance under General Mode Implementation Disruptions. *European Journal of Operational Research*, Vol. 280, No. 1, 2020, pp. 295 – 311.

［63］Cai Y. Q., J. H. Wang, Differential Evolution with Neighborhood and Direction Information for Numerical Optimization. *IEEE Transactions on Cybernetics*, Vol. 43, No. 6, 2013, pp. 2202 – 2215.

［64］Cerveny J. F., Galup S. D., Critical Chain Project Management Holistic Solution Aligning Quantitative and Qualitative Project Management Methods. *Producton and Inventory Management Journal*, Vol. 43, No. 3/4, 2002, pp. 55 – 64.

［65］Chakrabortty R. K., Rahman H. F., Haque K. M., An Event-based Reactive Scheduling Approach for the Resource Constrained Project Scheduling Problem with Unreliable Resources. *Computers & Industrial Engineering*, Vol. 151, 2021, P. 106981.

［66］Chang T., H. Chang, An Efficient Approach for Reducing Harmonic Voltage Distortion in Distribution Systems with Active Power Line Conditioners. *IEEE Transactions on Power Deliver*, Vol. 15, No. 3, 2000, pp. 990 – 995.

［67］Chiou J. P., Chang C. F., C. T. Su, Ant Direction Hybrid Differential Evolution for Solving Large Capacitor Placement Problems. *IEEE Transactions on Power System*, Vol. 19, 2004, pp. 1794 – 1800.

[68] Cho J. H., Kim Y. D., A Simulated Annealing Algorithm for Resource Constrained Project Scheduling Problems. *Journal of the Operational Research Society*, 1997, pp. 736 – 744.

[69] Chtourou H., Haouari M., A Two-stage-priority-rule-based Algorithm for Robust Resource-constrained Project Scheduling. *Computers and Industrial Engineering*, Vol. 55, No. 1, 2008, pp. 183 – 194.

[70] Colin. J., Martens. M., Vanhoucke. M., Wauters M., A Multivariate Approach for Top-down Project Control Using Earned Value Management. *Decision Support Systems*, Vol. 79, 2015, pp. 65 – 76.

[71] Cui N., Tian W., Bie L., Rescheduling After Inserting the Buffer in the Critical Chain Scheduling. *Logistics Systems and Intelligent Management*, 2010 International Conference on IEEE, Vol. 2, 2010, pp. 1105 – 1110.

[72] Davenport A. J., Beck J. C., A Survey of Techniques for Scheduling with Uncertainty. *Unpublished manuscript*. Available from http：//tidel. mie. utoronto. ca/publications. php, 2000.

[73] Davis E. W., Patterson J. H., A Comparison of Heuristic and Optimum Solutions in Resource-constrained Project Scheduling. *Management Science*, Vol. 21, No. 8, 1975, pp. 944 – 955.

[74] Deblaere F., Demeulemeester E., Herroelen W., Reactive Scheduling in the Multi-mode RCPSP. *Computers & Operations Research*, Vol. 38, No. 1, 2011, pp. 63 – 74.

[75] Deblaere F., Demeulemeester E., Herroelen W., Robust Resource Allocation Decisions in Resource-constrained Projects. *Decision Sciences*, Vol. 38, No. 1, 2011, pp. 5 – 37.

[76] Delgoshaei A., Rabczuk T., Ali A., An Applicable Method for Modifying Over-allocated Multi-mode Resource Constraint Schedules in the Pres-

ence of Preemptive Resources. *Annals of Operations Research*, Vol. 259, 2017, pp. 85 – 117.

[77] Demak N., Jarboui B., Siarry P., T. Loukil, Differential Evolution for Solving Multi-mode Resource-constrained Project Scheduling Problem. *Computers and Operation Research*, Vol. 36, 2009, pp. 2653 – 2659.

[78] Demeulemeester E., De Reyck B., W. Herroelen, The Discrete Time/Resource Trade-off Problem in Project Networks: A Branch and Bound Approach. *IIE Transactions*, Vol. 32, No. 11, 2000, pp. 1059 – 1069.

[79] Demeulemeester E., Herroelen W., A Branch-and-bound Procedure for the Multiple Resource-constrained Project Scheduling Problem. *Management Science*, Vol. 38, No. 12, 1992, pp. 1803 – 1818.

[80] Demeulemeester E., Herroelen W., *Project scheduling – A research handbook*. New York: Kluwer Academic Publishers, 2002.

[81] Demeulemeester E., Vanhoucke M., Herroelen W., RanGen: A Random Network Generator for Activity-on-the-node Networks. *Journal of Scheduling*, Vol. 6, No. 1, 2003, pp. 17 – 38.

[82] Demeulemeester E., W. Herroelen, *Robust Project Scheduling*. Now Foundations and Trends, 2011, pp. 201 – 376.

[83] De Reyck B., Demeulemeester E., W. Herroelen, Local Search Methods for the Discrete Time/Resource Trade-off Problem in Project Networks. *Naval Research Logistics Quarterly*, Vol. 45, No. 6, 1998, pp. 553 – 578.

[84] Dhib C., Soukhal A., Neron E., A Bi-objective Algorithm for a Reactive Multi-skill Project Scheduling Problem. *International Journal of Computers & Technology*, Vol. 15, No. 11, 2016, pp. 2277 – 3061.

[85] Diana S., Ganapathy L., Pundir A. K., An Improved Genetic Algorithm for Resource Constrained Project Scheduling Problem. *International Journal of Computer Applications*, 2013, P. 78.

［86］ Ding H. , Zhuang C. , Liu J. , Extensions of the Resource-constrained Project Scheduling Problem. *Automation in Construction*, Vol. 153, 2023, P. 104958.

［87］ Dodin B. , A Practical and Accurate Alternative to PERT. *Perspectives in Modern Scheduling*, No. 1, 2006, pp. 183 – 194.

［88］ Đumić M. , Jakobović D. , Ensembles of Priority Rules for Resource Constrained Project Scheduling Problem. *Applied Soft Computing*, Vol. 110, 2021, P. 107606.

［89］ Elloumi S. , Fortemps P. , Loukil T. , Multi-objective Algorithms to Multi-mode Resource-constrained Projects under Mode Change Disruption. *Computers & Industrial Engineering*, Vol. 106, 2017, pp. 161 – 173.

［90］ Elloumi S. , Loukil T. , Fortemps P. , Reactive Heuristics for Disrupted Multi-mode Resource-constrained Project Scheduling Problem. *Expert Systems with Applications*, Vol. 167, 2021, P. 114132.

［91］ Epitropaskis M. G. , Tasoulis D. K. , Pavlids N. G. , Plagianakos V. P. , M. N. Vrahatis, Enhancing Differential Evolution Utilizing Proximity-based Mutation Operators. *IEEE transactions on Evolutionary computation*, Vol. 15, 2011, pp. 99 – 119.

［92］ Evler J. , Lindner M. , Fricke H. , Schultz M. , Integration of Turnaroundand Aircraft Recovery to Mitigate Delay Propagation in Airline Networks. *Computers & Operations Research*, Vol. 138, 2022, P. 105602.

［93］ Forhad Z. , M. S. E. , Ruhul S. , Resource Constrained Project Scheduling With Dynamic Disruption Recovery. *IEEE ACCESS*, 2020.

［94］ Gagnon M. , d'Avignon G. , Aouni B. , Resource-constrained Project Scheduling through the Goal Programming Model: Integration of the Manager's Preferences. *International Transactions in Operational Research*, Vol. 19, No. 4, 2012, pp. 547 – 565.

［95］ Gehring M. , Volk R. , Schultmann F. , On the Integration of Diverging Material Flows into Resource – Constrained Project Scheduling. *European Journal of Operational Research*, Vol. 303, No. 3, 2022, pp. 1071 – 1087.

[96] Gersick C. J. G. , Time and Transition in Work Teams: Toward a New Model of Group Development. *Academy of Management journal*, Vol. 31, No. 1, 1988, pp. 9 – 41.

[97] Goldratt E. M. , *Critical Chain.* New York: The North River Press, 1997.

[98] Gonçalves J. F. , Mendes J. J. M. , Resende M. G. C. , A Genetic Algorithm for the Resource Constrained Multi-project Scheduling Problem. *European Journal of Operational Research*, Vol. 189, No. 3, 2008, pp. 1171 – 1190.

[99] Gong W. Y. , Cai Z. H. , Y. Lang, Engineering Optimization by Means of an Improved Constrained Differential Evolution. *Computer Methods in Applied Mechanics and Engineering*, Vol. 268, 2014, pp. 716 – 727.

[100] Gutierrez G. , Kouvelis P. , Parkinson's Law and its Implications for Project Management. *Management Science*, Vol. 37, No. 8, 1991, pp. 990 – 1001.

[101] Hartmann S. , Briskorn D. , An Updated Survey of Variants and Extensions of the Resource-constrained Project Scheduling Problem. *European Journal of Operational Research*, Vol. 297, No. 1, 2022, pp. 1 – 14.

[102] Hazir O. , Haouri M. , E. Erel, Robust Scheduling and Robustness Measures for the Discrete Time/Cost Trade-off Problem. *European Journal of Operational Research*, Vol. 207, 2010, pp. 633 – 643.

[103] Herroelen W. , Generating Robust Project Baseline Schedules. *Tutorials In Operations Research – OR Tools and Applications: Glimpses of Future Technologies*, 2007, pp. 124 – 144.

[104] Herroelen W. , *Project and Production Scheduling.* Leuven: Acco, 2007.

［105］Herroelen W. S. , Leus R. , Demeulemeester E. , Critical Chain Project Scheduling: Do Not Oversimplify. *Project Management Journal*, Vol. 33, No. 4, 2002, pp. 48 – 60.

［106］Herroelen W. S. , Leus R. , Identification and Illumination of PopularMisconceptions about Project Scheduling and Time Buffering in a Resource-constrained Environment. *Journal of the Operational Research Society*, Vol. 56, No. 1, 2005, pp. 102 – 109.

［107］Herroelen W. S. , Leus R. , On the Merits and Pitfalls of Critical Chain Scheduling. *Journal of Operations Management*, Vol. 19, No. 5, 2001, pp. 559 – 577.

［108］Herroelen W. S. , Leus R. , Project Scheduling under Uncertainty: Survey and Research Potentials. *European Journal of Operational Research*, Vol. 165, No. 2, 2005, pp. 289 – 306.

［109］Herroelen W. S. , Leus R. , Robust and Reactive Project Scheduling: A Review and Classification of Procedures. *International Journal of Product Research*, Vol. 42, No. 8, 2004, pp. 1599 – 1620.

［110］Herroelen W. S. , Leus R. , Stability and Resource Allocation in Project Planning. *IIE Transactions*, Vol. 36, No. 7, 2004, pp. 667 – 682

［111］Hill A. , Brickey A. , Cipriano I. , Optimization Strategies for Resource-constrained Project Scheduling Problems in Underground Mining. *Informs Journal on Computing*, Vol. 34, No. 6, 2022, pp. 3042 – 3058.

［112］Himmiche S. , Marangé P. , Aubry A. , Robustness Evaluation Process for Scheduling under Uncertainties. *Processes*, Vol. 11, No. 2, 2023, P. 371.

［113］Hoel K. , Taylor S. , Quantifying Buffers for Project Schedules. *Production and Inventory Management Journal*, Vol. 40, No. 2, 1999, pp. 43 – 47.

［114］Hosseinian A. H. , Baradaran V. , A Two-phase Approach for Solving the Multi-skill Resource-constrained Multi-project Scheduling Problem: A Case Study in Construction Industry. Engineering, *Construction and Architectural Management*, Vol. 30, No. 1, 2023, pp. 321 – 363.

[115] Hurley S. F. , Letter: OR Based Scheduling Information an Issue of Quality in Research. *Production planning & Control: The management of Operations*, Vol. 7, No. 3, 1996, P. 339.

[116] Hu X. , Cui N. , Demeulemeester E. , Bie L. , Incorporation of Activity Sensitivity Measures into Buffer Management to Manage Project Schedule Risk. *European Journal of Operational Research*, Vol. 249, No. 2, 2016, pp. 717 – 727.

[117] Hu X. , Cui N. , Demeulemeester E. , Effective Expediting to Improve Project Due Date and Cost Performance Through Buffer Management. *International Journal of Production Research*, Vol. 53, No. 5, 2015, pp. 1460 – 1471.

[118] Hu X. , Demeulemeester E. , Cui N. , Wang J. , Tian W. , Improved Critical Chain Buffer Management Framework Considering Resource Costs and Schedule Stability. *Flexible Services and Manufacturing Journal*, Vol. 29, No. 2, 2017, pp. 159 – 183.

[119] Hu X. , Wang J. , Leng K. , The Interaction Between Critical Chain Sequencing, Buffer Sizing and Reactive Actions in a CC/BM Framework. *Asia – Pacific Journal of Operational Research*, Vol. 36, No. 3, 2019.

[120] Hu Z. , Cui N. , Hu X. , M. A. Edgar Mahaffey, Time-and Resource-based Robust Scheduling Algorithms for Multi-skilled Projects. *Automation in Construction*, Vol. 153, 2023.

[121] Islam S. M. , Das S. , S. Ghosh, An Adaptive Differential Evolution Algorithm with Novel Mutation and Crossover Strategies for Global Numerical Optimization. *IEEE transactions on systems, man, and cybernetics. Part B, Cybernetics: a publication of the IEEE Systems, Man, and Cybernetics Society,*

Vol. 42, No. 2, 2012, pp. 482 – 500.

[122] Jouni L., Z. Ivan, *Mechanical Engineering Design Optimization by Differential Evolution.* London, UK: McGraw – Hill, 1999, pp. 217 – 146.

[123] Jovanović P., Kecman P., Bojović N., D. Mandić, Optimal Allocation of Buffer Times to Increase Train Schedule Robustness. *European Journal of Operational Research*, Vol. 256, No. 1, 2017, pp. 44 – 54.

[124] Kelley J. E., The Critical-path Method: Resources Planning and Scheduling. *Industrial scheduling*, Vol. 13, 1963, pp. 347 – 365.

[125] Khemakhem M. A., H. Chtourou, Efficient Robustness Measures for the Resource-constrained Project Scheduling Problem. *International Journal of Industrial and Systems Engineering*, Vol. 14, No. 2, 2013, pp. 245 – 267.

[126] Khoshjahan Y., Najafi A. A., Afshar – Nadjafi B., Resource Constrained Project Scheduling Problem with Discounted Earliness-tardiness Penalties: Mathematical Modeling and Solving Procedure. *Computers & Industrial Engineering*, Vol. 66, No. 2, 2013, pp. 293 – 300.

[127] Kim K. W., Gen M., Yamazaki G., Hybrid Genetic Algorithm with Fuzzy Logic for Resource-constrained Project Scheduling. *Applied Soft Computing*, Vol. 2, No. 3, 2003, pp. 174 – 188.

[128] Kobylański P., D. Kuchta, A Note on the Paper by M. A. Al – Fawzan and M. Haouari about a Bi-objective Problem for Robust Resource-constrained Project Scheduling. *International Journal of Production Economics*, Vol. 107, No. 2, 2007, pp. 496 – 501.

[129] Kolisch R., Efficient Priority Rules for the Resource-constrained Project Scheduling Problem. *Journal of Operations Management*, Vol. 14, No. 3, 1996, pp. 179 – 192.

[130] Kulejewski J., Ibadov N., Roslon J., Zawistowski J., Cash Flow Optimization for Renewable Energy Construction Projects with a New Approach to Critical Chain Scheduling. *Energies*, Vol. 14, No. 18, 2021, p. 5795.

［131］ Kuo T. C. , Chang H. S. , S. N. Huang, Due-date Performance Improvement Using TOC's Aggregated Time Buffer Method at a Wafer Fabrication Factory. *Expert Systems with Applications*, Vol. 36, 2009, pp. 1783 – 1792.

［132］ Kuster J. , Jannach D. , Friedrich G. , Applying Local Rescheduling in Response to Schedule Disruptions. *Annals of Operations Research*, Vol. 180, No. 1, 2010, pp. 265 – 282.

［133］ Lamas P. , E. Demeulemeester, A Purely Proactive Scheduling Procedure for the Resource-constrained Project Scheduling Problem with Stochastic Activity Durations. *Journal of Scheduling*, Vol. 19, No. 4, 2016, pp. 409 – 428.

［134］ Lambrechts O. , Demeulemeester E. , Herroelen W. , A Tabu Search Procedure for Developing Robust Predictive Project Schedules. *International Journal of Production Economics*, Vol. 111, No. 2, 2008, pp. 493 – 508.

［135］ Lambrechts O. , Demeulemeester E. , Herroelen W. , Proactive and Reactive Strategies for Resource-constrained Project Scheduling with Uncertain Resource Availabilities. *Journal of Scheduling*, Vol. 11, No. 2, 2008, pp. 121 – 136.

［136］ Lambrechts O. , Demeulemeester E. , Herroelen W. , Time Slack-based Techniques for Robust Project Scheduling Subject to Resource Uncertainty. *Annals of Operations Research*, Vol. 186, No. 1, 2010, pp. 443 – 464.

［137］ Leach L. P. , Critical Chain Project Management Improves Project Performance. *Project Management Journal*, Vol. 30, No. 3, 1999, pp. 39 – 51.

［138］ Leach L. P. , *Critical Chain Project Management*. Second Edition, London: Artech House Inc, 2005.

［139］ Lecher T. G. , Roben B. , Stohr E. A. , Critical chain: A New Project Management Paradigm or Old Wine in New Bottles. *Engineering Manage-*

ment Journal, Vol. 17, No. 4, 2005, pp. 45 – 58.

［140］ Lee J. K., Kim Y. D., Search Heuristics for Resource Constrained Project Scheduling, *Journal of the Operational Research Society*, Vol. 47 No. 5, 1996, pp. 678 – 689.

［141］ Leon V. J., Wu S. D., R. H. Storer, Robustness Measures and Robust Scheduling for Job-shop. *IIE Transactions*, Vol. 26, No. 5, 1994, pp. 32 – 43.

［142］ Leus R., *The Generation of Stable Project Plans*. Department of applied economics, Katholieke Universiteit Leuven, Belgium, 2003.

［143］ Liang Y., Cui N., Hu X., E. Demeulemeester, The Integration of Resource Allocation and Time Buffer for Bi-objective Robust Project Scheduling. *International Journal of Production Research*, 2019.

［144］ Liang Y., Cui N., Wang T., E. Demeulemeester, Robust Resource-constrained Max – NPV Project Scheduling with Stochastic Activity Duration. *OR Spectrum*, Vol. 41, No. 1, 2019, pp. 219 – 254.

［145］ Li K. Y., Willis R. J., An Iterative Scheduling Technique for Resource-constrained Project Scheduling. *European Journal of Operational Research*, Vol. 56, No. 3, 1992, pp. 370 – 379.

［146］ Li L., Liu W., Chen Y., Reactive Procedure for Robust Project Scheduling under the Activity Disruptions. *KSCE Journal of Civil Engineering*, Vol. 25, No. 9, 2021, pp. 1 – 10.

［147］ Liu S., Faizal M., Arifin A., Chen W., Huang Y., Emergency Repair Scheduling Model for Road Network Integrating Rescheduling Feature. *Applied Sciences*, Vol. 11, 2021, P. 1447.

［148］ Li X., He Z., Wang N., Vanhoucke M., Multi-mode Time-cost-robustness Trade-off Project Scheduling Problem under Uncertainty. *Journal of Combinatorial Optimization*, Vol. 43, No. 5, 2022, pp. 1173 – 1202.

［149］ Long L. D., Ohsato A., Fuzzy Critical Chain Method for Project

Scheduling under Resource Constraints and Uncertainty. *International Journal of Project Management*, Vol. 26, No. 6, 2008, pp. 688 – 698.

[150] Ludwig A., Mhring R. and Stork, F., A Computational Study on Bounding the Makespan Distribution in Stochastic Project Networks. *Annals of Operations Research*, Vol. 102, No. 1/4, 2001, pp. 49 – 64.

[151] Ma G., Hao K., Xiao Y., Zhu T., Critical Chain Design Structure Matrix Method for Construction Project Scheduling under Rework Scenarios. *Mathematical Problems in Engineering*, 2019.

[152] Ma Y., He Z., Wang N., Demeulemeester E., Tabu Search for Proactive Project Scheduling Problem with Flexible Resources. *Computers & Operations Research*, Vol. 153, 2023, P. 106185.

[153] Ma Z., Demeulemeester E., He Z., Wang N., A ComputationalExperiment to Explore Better Robustness Measures for Project Scheduling under Two Types of Uncertain Environments. *Computers & Industrial Engineering*, Vol. 131, 2019, pp. 382 – 390.

[154] Mehta S., R. Uzsoy, Predictable Scheduling of a Job Shop Subject to Breakdowns. *IEEE Transactions on Robotics and Automation*, Vol. 14, No. 3, 1998, pp. 365 – 378.

[155] Mendes J. J. M., Gonçalves J. F., Resende M. G. C., A Random Key Based Genetic Algorithm for the Resource Constrained Project Scheduling Problem. *Computers & Operations Research*, Vol. 36, No. 1, 2009, pp. 92 – 109.

[156] Merkle D., Middendorf M., Schmeck H., Ant Colony Optimization for Resource-constrained Project Scheduling. *Evolutionary Computation*, Vol. 6, No. 4, 2002, pp. 333 – 346.

[157] Moradi, H., and S. Shadrokh., A Robust Scheduling for the Multi-mode Project Scheduling Problem with a Given Deadline under Uncertainty of Activity Duration. *International Journal of Production Research*, Vol. 57,

No. 10, 2019, pp. 3138 - 3167.

[158] Moradi M., Hafezalkotob A., V. Ghezavati, Robust Resource-constrained Project Scheduling Problem of the Project's Subcontractors in Cooperative Environment under Uncertainty: Social Complex Construction Case Study. *Computers and Industrial Engineering*, Vol. 133, 2019, pp. 19 - 28.

[159] Myszkowski P. B., Laszczyk M., Investigation of Benchmark Dataset for Many-objective Multi-skill Resource Constrained Project Scheduling Problem. *Applied Soft Computing*, Vol. 127, 2022, P. 109253.

[160] Nansheng P., Qichen M., Resource Allocation in Robust Scheduling. *Journal of the Operational Research Society*, Vol. 74, No. 1, 2023, pp. 125 - 142.

[161] Newbold R. C., *Project Management in the Fast Lane: Applying the Theory of Constraints*. Boca Raton: The St. Lucie Press, 1998.

[162] Newmann M. E. J., The Structure and Function of Complex Networks. *Society for Industrial and Applied Mathematics Review*, No. 45, 2003, pp. 167 - 256.

[163] Odeh A. M., Battaineh H. T., Causes of Construction Delay: Traditional Contracts. *International Journal of Project Management*, Vol. 20, No. 1, 2002, pp. 67 - 73.

[164] Özdamar L., Ulusoy G., A Note on an Iterative Forward/Backward Scheduling Technique with Reference to a Procedure by Li and Willis. *European Journal of Operational Research*, Vol. 89, No. 2, 1996, pp. 400 - 407.

[165] Pang N., Su H., Shi Y., Project Robust Scheduling Based on the Scattered Buffer Technology. *Applied sciences*. Vol. 8, No. 4, 2018, P. 541.

[166] Paprocka, I., W. Czuwaj, Location Selection and Size Estimation of Resource Buffers in the Critical Chain Project Management Method. *Applied Mechanics and Materials*, 2015, pp. 1390 - 1395.

[167] Parkinson C. N., *Parkinson's Law*. Cambridge: The Riverside

Press, 1957.

[168] Pellerin R., Perrier N., Berthaut f., A Survey of Hybrid Meta-heuristics for the Resource-constrained Project Scheduling Problem. *European Journal of Operational Research*, Vol. 280, No. 2, 2020, pp. 395 – 416.

[169] Peng W., Lin X., Li H., Critical Chain Based Proactive – Reactive Scheduling for Resource-constrained Project Scheduling under Uncertainty. *Expert Systems with Applications*, Vol. 214, 2023, P. 119188.

[170] Peng W., Yu D., Lin J., Resource-constrained Multi-project Reactive Scheduling Problem with New Project Arrival. *IEEE Access*, Vol. 11, 2023, P. 1.

[171] Petroutsatou K., A Proposal of Project Management Practices in Public Institutions Through a Comparative Analyses of Critical Path Method and Critical Chain. *International Journal of Construction Management*, Vol. 22, No. 2, 2019, pp. 242 – 251.

[172] Piotr Jaśkowski, Sławomir Biruk, Michał Krzemiński, Proactive Scheduling of Repetitive Construction Processes to Reduce Crews Idle Times and Delays. *Archives of Civil Engineering*, Vol. 67, No. 4, 2021, pp. 287 – 302.

[173] Policellan N., *Scheduling with Uncertainty—A Proactive Approach Using Partial Order Schedules*. PhD diss, Italy: Universita degli Studi di Roma "La Sapienza", 2005.

[174] Połoński Mieczysław, Calculation of the Auxiliary Buffers Time with Regard to the Robustness of the Construction Schedule to Disruption. *MATEC Web of Conferences*, Vol. 262, 2019, P. 7011.

[175] Project Management Institute, *A Guide to the Project Management Body of Knowledge (PMBOK © Guide)*. 5th Ed. Newtown Square, USA: Project Management Institute Inc, 2017.

[176] Rahman H. F., Chakrabortty R. K., Ryan M. J., Managing Uncertainty and Disruptions in Resource Constrained Project Scheduling Problems:

A Real – Time Reactive Approach. *IEEE Access*, Vol. 9, 2021, pp. 45562 – 45586.

［177］ Rand G. K. , Critical Chain: the Theory of Constraints Applied to Project Management. *International Journal of Project Management*, Vol. 18, No. 3, 2000, pp. 173 – 177.

［178］ Ranjbar M. , De Reyck B. , F. Kianfar, A Hybrid Scatter Search for Discrete Time/Resource Trade-off Problem in Project Scheduling. *European Journal of Operational Research*, Vol. 193, No. 1, 2009, pp. 35 – 48.

［179］ Ranjbar M. , F. Kianfar, Solving the Discrete Time/Resource Trade-off Problem with Genetic Algorithm. *Applied Mathematics and Computation*, Vol. 191, No. 2, 2007, pp. 451 – 456.

［180］ Raz T. , Barnes R. , Dvir D. , A Critical Look at Critical Chain Project Management. *Project Management Journal*, Vol. 34, No. 4, 2003, pp. 24 – 32.

［181］ Rogalsky T. , R. W. Derksen, *Hybridization of Differential Evolution for Aerodynamic Design*. Paper Presented at the 8th Annual Conference of the Computational Fluid Dynamics Society, Canada, 2000.

［182］ Sanlaville E. , *Ordonnancement Sous Conditions Changeantes*. Universit's Blaise Pascal, clement – Ferrand, France, 2004.

［183］ Satic U. , Jacko P. , Kirkbride C. , Performance Evaluation of Scheduling Policies for the Dynamic and Stochastic Resource-constrained Multi-project Scheduling Problem. *International Journal of Production Research*, Vol. 60, No. 4, 2020, pp. 1411 – 1423.

［184］ Servranckx T. , Vanhoucke M. , Vanhouwaert G. , Analysing the Impact of Alternative Network Structures on Resource-constrained Schedules: Artificial and Empirical Experiments. *Computers & Industrial Engineering*, Vol. 148, 2020, P. 106706.

［185］ Shaffer L. , Ritter J. , Meyer W. , *The Critical Path Method*.

McGraw – Hill，1965.

［186］Shariatmadari M. ，Nahavandi N. ，A New Resource Buffer Inser-tion Approach for Proactive Resource Investment Problem. *Computers Industrial Engineering*，Vol. 146，2020.

［187］She B. ，Chen B. ，Hall N. G. ，Buffer Sizing in Critical Chain Project Management by Network Decomposition. *Omega*，Vol. 102，2021，P. 102382.

［188］Shi Y. ，Su H. ，Pang N. ，Resource Flow Network Generation Al-gorithm in Robust Project Scheduling. *Journal of the Operational Research Socie-ty*，Vol. 72，No. 6，2021，pp. 1294 – 1308.

［189］Shurrab M. ，Traditional Critical Path Method Versus Critical Chain Project Management：A Comparative View. *International Journal of Economics and Management Sciences*，Vol. 4，No. 9，2015，P. 6359.

［190］Shuvo O. ，Golder S. ，Islam R. ，A Hybrid Metaheuristic Method for Solving Resource Constrained Project Scheduling Problem. *Evolutionary Intel-ligence*，Vol. 16，No. 2，2023，pp. 519 – 537.

［191］Song H. ，Jia G. ，Peng W. ，Bi-objective Reactive Project Sched-uling Problem Under Resource Uncertainty and Its Heuristic Solution Based on Priority Rules. *IEEE Access*，Vol. 10，2022，pp. 52700 – 52711.

［192］Steyn H. ，An Investigation into the Fundamentals of Critical Chain Project Scheduling. *International Journal of Project Management*，Vol. 19，No. 6，2000，pp. 363 – 369.

［193］Steyn H. ，Project Management Applications of the Theory of Con-straints Beyond Critical Chain Scheduling. *International Journal of Project Man-agement*，Vol. 20，No. 1，2002，pp. 75 – 80.

［194］Storn R. ，K. Price. ，Differential Evolution—A Simple and Effi-cient Heuristic for Global Optimization over Continuous Spaces. *Journal of Global Optimization*，Vol. 11，1997，pp. 341 – 359.

［195］ Thomas P. R. , Salhi S. , A Tabu Search Approach for the Resource Constrained Project Scheduling Problem. *Journal of Heuristics*, Vol. 4, No. 2, 1998, pp. 123 – 139.

［196］ Tian M. , Liu R. , Zhang G. , Solving the Resource-constrained Multi-project Scheduling Problem with An Improved Critical Chain Method. *Journal of the Operational Research Society*, Vol. 71, No. 8, 2019, pp. 1243 – 1258.

［197］ Tian W. , E. Demeulemeester, On the Interaction Between Roadrunner or Railway Scheduling and Priority Lists or Resource Flow Networks. *Flexible Services and Manufacturing Journal*, Vol. 25, No. 1 – 2, 2013, pp. 145 – 174.

［198］ Tian W. , E. Demeulemeester, Railway Scheduling Reduces the Expected Project Makespan over Roadrunner Scheduling in a Multi-mode Project Scheduling Environment. *Annals of Operations Research*, Vol. 213, No. 1, 2014, pp. 271 – 291.

［199］ Tian W. , Xu J. , Z. Fu, On the Choice of Baseline Schedules for the Discrete Time/Resource Trade-off Problem under Stochastic Environment. *Journal of Difference Equations and Applications*, Vol. 23, No. 1 – 2, 2017, pp. 55 – 65.

［200］ Tirkolaee E. B. , Goli A. , Hematian M. , Multi-objective Multi-mode Resource Constrained Project Scheduling Problem Using Pareto-based Algorithms. *Computing*, Vol. 101, No. 6, 2019, pp. 547 – 570.

［201］ Tukel O. I. , Rom W. O. , Eksioglu S. D. , An Investigation of Buffer Sizing Techniques in Critical Chain Scheduling. *European Journal of Operational Research*, Vol. 172, No. 2, 2006, pp. 401 – 416.

［202］ Turner R. , *The Handbook of Project – Based Management*. New York: McGraw Hill, 2008.

［203］ Umble M. , Umble E. J. , Utilizing Buffer Management to Improve

Performance in a Healthcare*Environment*. *European Journal of Operational Research*, *Vol.* 174, No. 2, 2006, pp. 1060 – 1075.

[204] Van de Vonder S., Ballestín F., Demeulemeester E., W. Herroelen, Heuristic Procedures for Reactive Project Scheduling. *Computers and Industrial Engineering*, Vol. 52, No. 1, 2007, pp. 11 – 28.

[205] Van de Vonder S., Demeulemeester E., Herroelen W., A Classification of Predictive – Reactive Project Scheduling Procedures. *Journal of Scheduling*, Vol. 10, No. 3, 2007, pp. 195 – 207.

[206] Van de Vonder S., Demeulemeester E., Herroelen W., Leus R., The Trade-off Between Stability and Makespan in Resource – Constrained Project Scheduling. *International Journal of Production Research*, Vol. 44, No. 2, 2006, pp. 215 – 236.

[207] Van de Vonder S., Demeulemeester E., Herroelen W., Leus R., The Use of Buffers in Project Management: the Trade-off Between Stability and Makespan. *Int. J. Production Economics*, Vol. 97, No. 2, 2005, pp. 227 – 240.

[208] Van de Vonder S., Demeulemeester E., Herroelen W., Proactive Heuristic Procedures for Robust Project Scheduling: An Experimental Analysis. *European Journal of Operational Research*, Vol. 189, No. 3, 2008, pp. 723 – 733.

[209] Vanhoucke M., Coelho J., An Analysis of Network and Resource Indicators for Resource-constrained Project Scheduling Problem Instances. *Computers & Operations Research*, Vol. 132, 2021, P. 105260.

[210] Van Oorschot K. E., Bertrand J. W. M., Rutte C. G., Field Studies into the Dynamics of Product Development Tasks. *International Journal of Operations and Production Management*, Vol. 25, No. 8, 2005, pp. 720 – 739.

[211] Wang H., Lin J., Zhang J., Work Package-based Information

Modeling for Resource-constrained Scheduling of Construction Projects. *Automation in Construction*, Vol. 109, 2020, P. 102958.

[212] Wang J., Constraint-based Schedule Repair for Product Development Projects with Time-limited Constraints. *International Journal of Production Economics*, Vol. 95, No. 3, 2005, pp. 399 – 414.

[213] Wang W., Ge X., Li L., Proactive and Reactive Multi – Project Scheduling in Uncertain Environment. *IEEE Access*, Vol. 7, 2019, pp. 88986 – 88997.

[214] Wang W., Su J., Xu J., Reactive Strategies in the Multiproject Scheduling with Multifactor Disruptions. *Mathematical Problems in Engineering*, Vol. 1, 2020, pp. 1 – 11.

[215] Ward S., G. Chapman, Transforming Project Risk Management into Project Uncertainty Management. *International Journal of Project Management*, Vol. 23, 2003, pp. 97 – 105.

[216] Watson K. J., Blackstone J. H., Gardiner S. C., The Evolution of a Management Philosophy: The Theory of Constraints. *Journal of Operations Management*, Vol. 25, No. 2, 2007, pp. 387 – 402.

[217] Xiao L., Bie L, Bai X., Controlling the Schedule Risk in Green Building Projects: Buffer Management Framework with Activity Dependence. *Journal of Cleaner Production*, Vol. 278, 2021.

[218] Yang J. B., How the Critical Chain Scheduling Method Is Working for Construction. *Cost Engineering*, Vol. 49, No. 4, 2007, pp. 25 – 32.

[219] Yeo K. T., Ning J. H., Integrating Supply Chain and Critical Chain Concepts in Engineer – Procure – Construct (EPC) Projects. *International Journal of Project Management*, Vol. 20, No. 4, 2002, pp. 253 – 262.

[220] Yeo K. T., Ning J. H., Managing Uncertainty in Major Equipment Procurement in Engineering Projects. *European Journal of Operational Research*, Vol. 171, No. 1, 2006, pp. 123 – 134.

[221] Yu G., Qi X., *Disruption Management—Framework Models and Applications.* New Jersey, USA: World Scientific, 2004.

[222] Zahid T., Agha M. H., T. Schmidt, Investigation of Surrogate Measure of Robustness for Project Scheduling. *Computers and Industrial Engineering*, Vol. 129, 2019, pp. 220-227.

[223] Zaman F., Elsayed S., Sarker R., An Evolutionary Approach for Resource Constrained Project Scheduling with Uncertain Changes. Computers & Operations Research, Vol. 125, 2021, P. 105104.

[224] Zarghami S. A., Gunawan I., Corral de Zubielqui G., Baroudi B., Incorporation of Resource Reliability into Critical Chain Project Management Buffer Sizing. *International Journal of Production Research.* Vol. 58, No. 20, 2019, pp. 6130-6144.

[225] Zarghami, S. A., Project Schedule Contingency Planning: Building on Von Bertalanffy's Open Systems Theory and Critical Systems Practice. *Systems Research & Behavioral Science*, 2023.

[226] Zhang L., Dai G., Zou X., et al., Robustness-based Multi-objective Optimization for Repetitive Projects under Work Continuity Uncertainty. *Engineering, Construction and Architectural Management*, Vol. 27, No. 10, 2020, pp. 3095-3113.

[227] Zhang Y., Cui N., Hu X., Hu Z., Robust Project Scheduling Integrated with Materials Ordering under Activity Duration Uncertainty. Journal of the Operational Research Society, Vol. 71, No. 10, 2020, pp. 1581-1592.

[228] Zhang Z., Zhong X., Time-cost Trade-off Resource-constrained Project Scheduling Problem with Stochastic Duration and Time Crashing. *International Journal of Applied Decision Sciences*, Vol. 11, No. 4, 2018, pp. 390-419.

[229] Zhu G., Bard J., Yu G., Disruption Management for Resource Constrained Project Scheduling. *Journal of the Operation Research Society*,

Vol. 56, No. 4, 2005, pp. 365 – 381.

［230］Zhu H. , Liu Z. , Lu C. , Modeling and Algorithm for Resource-constrained Multi-project Scheduling Problem Based on Detection and Rework. *Assembly Automation*, Vol. 41, No. 2, 2021, pp. 174 – 186.

［231］Zohrehvandi S. , Khalilzadeh M. , Amiri M. , Shadrokh S. , Project Buffer Sizing and Dynamic Buffer Consumption Algorithm in Power Generation Construction. *Engineering*, *Construction and Architectural Management*, Vol. 29, No. 2, 2022.

［232］Zohrehvandi S. , Shahzileh Z. H. , A Heuristic Algorithm in Project Scheduling and Project Time Optimization: through Managing the Size of the Project Buffer, Feeding Buffers, and Resource Buffers. *Procedia Computer Science*, Vol. 204, 2022, pp. 891 – 899.

［233］Zohrehvandi S. , Soltani R. , Project Scheduling and Buffer Management: A Comprehensive Review and Future Directions. *Journal of Project Management*, Vol. 7, No. 2, 2022, pp. 121 – 132.